体育教学与模式创新

卢丹旭　周成成　秦宇阳　著

中国纺织出版社

图书在版编目（CIP）数据

体育教学与模式创新 / 卢丹旭，周成成，秦宇阳著
. -- 北京 : 中国纺织出版社，2019.1
ISBN 978-7-5180-5167-0

Ⅰ. ①体… Ⅱ. ①卢… ②周… ③秦… Ⅲ. ①体育教
学—教学研究 Ⅳ. ①G807.01

中国版本图书馆CIP数据核字(2018)第134744号

责任编辑：汤　浩　　　　**责任印制**：储志伟

中国纺织出版社出版发行
地　　址：北京市朝阳区百子湾东里A407号楼　　**邮政编码**：100124
销售电话：010-67004422　　**传真**：010-87155801
http://www.c-textilep.com
E-mail：faxing@c-textilep.com
中国纺织出版社天猫旗舰店
官方微博http://weibo.com/2119887771
北京虎彩文化传播有限公司印刷　　各地新华书店经销
2018年6月第1版第1次印刷
开　　本：710×1000　1/16　　**印张**：11.625
字　　数：190千字　　**定价**：59.00元

前　言

历经多年的高等学校体育教学改革，给人直观的感受是变化之速。从教育思想到教学模式，从教学内容到教学组织形式、教学手段、教学方法，都在不断地变，新观点、新名词、新举措如逢春的花朵，竞相绽放，让人应接不暇，变动的脚步似乎永不停歇。目前高校体育教学改革的研究，主要注重对学生人格培养和潜能开发，重心是坚持以学生为主体，尊重学生个体差异，力求使每一位学生都能成功。其次是对现有体育教学方法进行改革，打破传统的教师一言堂的教学模式，大胆实行开放式、探究式等教学方法。

体育教学改革所带来的最大变化是教学模式日趋多元化和教学内容更加人性化。教学模式和教学内容的变化是逐渐深化的体育观和体育教学教育观的具体化，是教学改革发展到一定阶段的产物。在国家教育主管部门颁布的文件的指导下，各高校结合本校的师资、场馆、地域、学生特点等实际情况，解放思想，积极探索，对教学模式和教学内容进行了大刀阔斧的改革，具体表现为：教学模式由原来单一的局面变为多元化的局面。在教学内容的选择上是本着“以人为本”的理念，体现了新兴体育项目与传统基础项目的内在联系和内在统一，既坚持项目内容多样化，满足激发学生学习兴趣的需要，尽量避免项目内容过多过滥、华而不实，又实现了多样化、人性化，体现以促进学生健康发展的实效性和适应学生兴趣爱好和个性发展的可接受性。

本书响应体育教学改革的号召，结合信息技术发展的现实提出了一系列适合当今体育教学发展的模式和训练方法。本书不仅进行理论方面的阐述，还结合体操、篮球和武术等具体体育项目，论述其在教学改革的背景下在教学方法和模式方面体现出的新的特征，以期实现理论与实践的结合。

在本书写作过程中，作者翻阅了大量资料，并且就有些问题咨询了相关专业人员，以求提高本书的价值。但是，由于作者能力有限，本书可能还存在许多不足之处，希望广大读者批评指正。最后，诚挚地感谢在本书撰写过程中给予作者帮助的广大亲友！

编者
2018年2月

目　录

上篇　高等体育教育

上篇

高等体育教育

学校体育是学校教育的一个重要组成部分，又是国民体育的重要内容之一。它既是国家社会体育、竞技体育发展的基础，又是个人实现终身体育的基础环节。学校体育是根据国家制定的德、智、体、美全面发展的教育方针以及社会和个体发展的需要，依据学生身心发展的特点，以适当的身体练习为发展手段，通过多种组织形式进行的一种有计划、有组织的教育活动，使学生在运动参与、运动技能、身体健康、心理健康与社会适应几个领域均得到提高和发展。本篇就对高等体育教育的概念和信息技术、体育微格教学在高等体育教育中的应用进行具体的分析与探讨。

第一章　高等教育与体育教育

21世纪的世界形势发生了许多重大的变化，其中一个最重要的现象就是经济全球化。中国加入世界贸易组织，标志着中国的市场经济正在全面地融入世界市场经济体系之中，标志着我国的经济越来越与世界经济密不可分。经济全球化正在对世界格局以及各行各业和人类生活的各个领域产生着深刻而长远的影响。高等教育作为服务业被列入《服务贸易总协定》，标志着世界高等教育正在向国际化方向发展，并呈现新的特点。

第一节　高等教育概述

一、高等教育的概念

“高等教育”是高等教育学学科体系中的中心概念，对于这一概念的含义，国内外不少学者进行了持续、艰苦的探索。联合国教科文组织在非洲召开由44个国家参加的高教会议，对高等教育做如下定义：“高等教育是指大学、文学院、理工学院和师范学院等机构所提供的各种类型的教育而言，其基本入学条件为完成中等教育，一般入学年龄为18岁，学完课程后授予学位、文凭或证书，作为完成高等学业的证明。”因各国对各级教育机构命名不一，教育体制各不相同，这一解释显然不够全面。《实用教育大词典》解释：“高等教育是建立在中等教育基础上的各种专业教育。程度上一般分专修科、本科和研究生。教学组织的形式有全日制的和业余的，面授的和非面授的，学校形式的和非学校形式的，等等。高等教育一般担负着培养各种专门人才和开展科学研究的双重任务。实施高等教育的机构通常是大学、学院和专科学校。”也有论者认为：“高等教育是建立在普通教育基础上的专业教育，以培养专门人才为目标，一般全日制本科生的年龄是20岁左右的青年，他们的身心发展已趋成熟。”还有论者这样界定：“高等教育是在受完中等教育的基础上，在国家认可的高等教育机关接受一年以上的专业教育的教育，一般入学年龄在18岁以上。”这些定义方法，为我们提供了一种思路。

并不能说所有的专业教育都是高等教育，高等教育是完全中等教育后的专业教育。这里“完全中等教育”是使“专业教育”这一概念上升到“高等教育”概念的重要的、现实的中介范畴。高等教育是“专业教育”和“完全中等教育”这两个范畴的逻辑展开。因此，高等教育的概念具有如下内涵：

（一）高等教育建立在完全中等教育基础之上

高等教育的“高”是以完全中等教育作为参照系的，学生只有在接受了完全中等教育并获得毕业后，方有可能再接受高等教育。我国《教育法》规定，国家实行学前教育、初等教育、中等教育、高等教育的学校教育制度。学生在接受了中等教育中的初级教育（初中）以后，可以继续在普通中学接受高级阶段的高中教育，也可以进入中等师范学校、中等专业学校、中等技术或职业高级中学以完成全部的中等教育。完全中等教育包括初中与普通高中的组合，也包括初中分别与中师、中专、中技和职业高中的组合。显而易见，完全中学后教育与中学后教育是有区别的，中学后教育包括高等教育但不都是高等教育。

（二）高等教育是一种专业教育，即按专业类别培养人才的活动

无论是单科大学、多科大学，还是综合大学，只要实施的是专业教育，就都属于高等教育。同时，由于专业教育具有深而专门的特点，其质量必须有一定的标准做保证，否则会降低高等教育的价值。专业教育应当是在国家设立或认可的高等教育机构中进行，其学习时间至少在两年以上。我国的专科教育一般为两至三年，本科教育一般为四至五年。根据这样的规定，那些岗位证书班、短期培训、职称补习、助学进修之类的教育均不能称为高等教育。但也不能把高等教育仅仅局限在全日制普通的大学或学院之内，各种成人高等教育也属高等教育，这不是本书讨论的范围。是否属高等教育既要察其是否规范，更应看它所进行的教育的内容、质量、水平是否在“完全中等教育”基础之上及所达到的专深程度。

（三）高等教育是学术性与职业性有机结合的教育

学术与职业的关系问题随着高等教育的发端而产生并伴随始终，而且在不同角度表现出多种形式。在价值观上表现为社会导向与学术导向的关系，在结构与布局上体现为“学”与“术”的关系，在教学和课程上反映为基础与应用的关系。究其本源，学术性指学问、科学，是认识论的范畴，解决“是什么”与“为什么”的问题；职业性是指技术、手段、方法，属于实践论的范畴，解决“如何去做”的问题。历史上不同时期不同国家的高等教育在处理这一关系时往往偏于一方，如欧洲大陆各国。尤其以德国为代表，曾一度重学轻术，而第二次世界大战后的美国和日本则一度重术轻学。

随着社会经济和科学技术的进步，高等教育相应实现多层次、多规模办学后，要求高等教育将两者有机结合。在总体上可以有学术型、研究型与应用型、技术型的分工，各类高校根据自身条件发挥所长。各司其职，各安其位，在个体上虽有所侧重但兼有两职，即使开展研究性的高等教育，也不能推卸技术性、职业性教育的责任，同样，以职业性教育为重点的高校也必须进行科学精神、研究意识的培育活动。

二、高等教育的基本特征

特征是一事物区别于其他事物的属性或称个性。高等教育作为整个教育系统的组成部分之一，它与其他组成部分相比有以下基本特征：

（一）高等教育是“完全中等教育”之后进行的专业教育

高等教育作为三级教育体系（初等教育、中等教育和高等教育）中最高层次的教育，是以培养德、智、体、美全面发展的各级各类尤其具有创新精神和实践能力的高级专门人才为宗旨的；传授的科学文化知识具有高度的概括性、抽象性和前瞻性，具有深、专、广、难的特点，课程体系系统完整。相比之下，被统称为基础教育的初等教育和中等教育，是以培养具有基本文化素质的公民为目标，教学内容和教育水平具有明显的基础性和普通性，因而日常生活中又叫普通教育。

（二）高等教育的对象一般是20岁左右的知识青年

高等教育的对象不同于中小学生，这一年龄组学生的身心发展已趋于成熟。他们的身体形态、机能发育到“准”成熟阶段，运动能力达到高峰，身体发展由生长发育期进入生长稳定期。心理发展的水平也达到一定高度，表现为科学观察能力的增强，理性思维和辩证思维的初步形成，学习动机更为明确，道德感、理智感和美感的初步确立与发展；具有较强的独立意识和自我意识，不再像中小学生那样愿意完全听人安排；个性形成而且趋向稳定等。但与已经走上工作岗位、各方面成熟的成人相比，他们社会阅历浅，对国情、实践、人际缺乏了解，思想认识不够深刻，易于冲动、偏颇和过激。高等教育的对象的这些特点，要求高等教育遵循不同于中小学的教育对象的身心发展规律。

（三）高等教育要开展一定的科学研究

高等学校将科学研究引入教育教学活动过程，这是高等教育区别于其他教育的特点之一。高等教育要保持高深专门知识的教与学特点，就不能仅仅停留在知识的传授，而要不断地探索真理、创造知识、更新方法、创新技术，也必然要开展科学研究。高等教育教学不拘囿于“教师中心、课堂中心、教材中心”的“三中心”境地，教师不再把教材内容“咀嚼”后喂给学生，而更多的是通过大学生自学、教师传授、师生及学生间的讨论、大学生初步参与研究等方式，促使学生去主动地掌握知识和提高能力。

三、高等教育的目的

（一）高等教育目的的内涵

目的是人在活动前的预先观念存在于头脑中的结果。人的每一项活动，自始至终都有一个自觉的目的驱使和支配，作为一种特殊社会活动的高等教育也不例外。可以这样理解，高等教育的目的是指人们在活动前于头脑中对高等教育活动结果的一种预见和构想。由于高等教育是完全中等教育基础上的专业教育，高等教育的目的，具体而言是指把接受过完全中等教育的人培养成为社会所需要的高级专门人才，它规定了所要培养的人才的基本规格和质量要求。

高等教育的目的是高等教育理论体系中的关键问题之一，是整个高等教育工作的核心，也是高等教育活动的出发点和归宿。它明确了高等教育未来的发展方向和预定的发展结果，指导着整个高等教育具有活力的开展，支配着高等教育工作的各个方面和全过程。无论是高等教育政策的制定、高等教育制度的建立，还是高等教育内容的确定、方法的选择和效果的评价等，都必须受到高等教育目的的制约。

我们说高等教育的目的是一个重要的理论问题，还源于其本身存在一些悬而未决的课题，存在一些表面看来似乎不证自明，而实际尚值得推敲的提法。时至今日，高等教育的目的尚未有一个精确的定义，人们习惯于用一个具体的表述即高等教育培养什么样的人才来代替高等教育的目的，但并没有认真区分所研究的究竟是“谁的教育目的”。从逻辑上讲，高等教育主体由教育行政管理者、举办者、办学者、教育者和受教育者组成，那么，“实然的”高等教育目的就应该有五种表现。基于我们国家的特殊情况，如主体成分很大程度上的同一性，我们所讲的高等教育的目的指的就是国家的“意之所趋”，而高等教育目的研究的基本走向应该是既重视“应然的”高等教育目的，也不应漠视“实然的”高等教育目的。

教育目的是高等教育工作遵循的总方向，但它代替不了高等学校对所培养的人的特殊要求。各级各类高等学校培养的人的特殊要求，我们习惯上称为培养目标，它是由社会领域（如教育工作领域、医疗卫生工作领域、工业生产领域和农业生产领域等）和特定的职业层次的需要决定的。因此，高等学校的培养目标最终是以专业的培养目标体现出来的。高等教育目的与高等学校培养目标之间是抽象与具体的关系。高等教育目的是对所有接受高等教育者提出的较为概括和抽象的要求，可理解为一种教育意志、教育理想，而高等学校培养目标是围绕高等教育目的展开的针对特定的对象的具体、明确的规定。故“目的与目标根本不同。你能测量目标，但不能测量目的。一个最后的目的是一种哲学力量，它是我们行动的先验的本质”。

（二）高等教育目的的作用

目的是一种引导和推动人们在实践中改造世界、改造社会的精神性动力。目的为实践指明方向，使实践带有自觉性；实践将目的付诸实现，使目的具有客观现实性。目的与实践的关系表现为：一个具体的目的是人们实践活动的起点，并体现于实践活动的全过程和归宿中。因此可以说，高等教育目的是高等教育实践活动的起点和归宿，同时贯穿于高等教育活动的全过程。高等教育目的的作用主要表现在：

1.高等教育目的具有导向作用

高等教育目的一经确立，就成为人们行动的方向。它不仅为受教育者指明了发展方向，预定了发展结果，也为教育者指明了工作方向和奋斗目标。因此，高等教育目的无论是对教育者还是对受教育者都具有目标导向作用。它能使人们按照目标的要求控制自己行为的方向，修正偏离目标的行为，抑制不属于目标的行为。同时，就人的行动方式而言，既有个体的单独活动，也有群体的共同活动，高等教育目的是将个体聚合起来形成群体共同活动的根本因素。正因为有了目的的导向作用，才有了群体的共同活动。

2.高等教育目的具有调控作用

高等教育目的一经确立，对整个高等教育活动的全过程具有调控作用。从宏观上说，它对高等教育改革、高等教育规划、高等教育结构和高等教育政策制定，具有支配、调控方面的作用。从微观上看，它对实际教育教学过程中各种要素的组合，如教育计划的制订、教育内容的选择、教育手段和教育技术的运用，也具有支配和调控的功能。同时，它对受教育者的成长和发展也具有控制作用，使之按预定的培养过程向着目标发展。

3.高等教育目的具有评价作用

高等教育目的是衡量和评价高等教育实施效果的根本依据和标准。评价高等学校的办学方向、办学水平和办学效益，检查教育教学工作的质量，评价教师的教学质量和工作效果，检查学生的学习质量和发展程度等工作，都必须以高等教育目的为根本标准和依据，有针对性地进行。同时，高等教育目的还起着一种“准价值体系”的作用，可以借助于高等教育目的去判断高等教育实践活动的社会价值。

4.高等教育目的具有激励作用

目的反映人的需要和动机，是人们在一起共同活动的基础。因此，共同的目的一旦被人们认识和接受，它不仅能指导整个实践活动过程，而且能够激励人们为实现共同的目标而努力。高等教育目的也是这样，一旦教育者和受教育者认识到我国的高等教育目的，并自觉接受它的指导，那么在高等教育活动中就会以更强烈的责任感、更充沛的干劲、更饱满的热情、更有效的相互合作来实现高等教育的目标。

四、高等教育的功能

高等教育对人所起的作用，也就是高等教育要促进人的身心发展。从其产生之日起至今，培养人始终是它的最基本的功能，它通过有目的、有计划和有组织的教育教学活动，通过知识的传授、能力的训练和道德品质的培养，来促进人的德、智、体、美等生理和心理各方面的发展。从历史上看，尽管不同的阶级、不同的国家对培养什么样的人有不同的理解和要求，但无论是哪一时期、哪种层次、哪一类型的高等教育，也不管高等教育如何发展，培养人这一功能永远不会消失，这是它最基本的功能之一。

高等教育对社会所起的作用，也就是高等教育要促进社会的发展。高等教育作为社会的一种活动领域，它对社会所起的作用是自始至终存在的，高等教育通过其特定的活动来促进社会的政治、经济、科技文化等方面的进步和发展，从而对社会起到巨大的推动作用。具体表现为：

（一）高等教育的政治功能

高等教育是教育的最高层次，同初等教育一样，是一种人类社会的共有现象，是社会赖以生存、延续和发展的必备条件。在阶级社会中，教育具有鲜明的阶级性和政治倾向性。统治阶级通过制定教育方针、教育政策和法规以及控制教育经济投资、任免教育行政人员、规定学校的教学内容等方式，直接或间接行使教育领导权，以确保教育为统治阶级利益服务。在我国教育史上，人们对教育政治职能的认识曾有两种错误的倾向。一段时间认为教育是阶级斗争的工具，要求教育为无休止的政治运动服务。又有一段时间有人认为教育为经济建设服务就是为政治服务，这种对教育政治功能认识的左右摇摆性使得相当数量的大学生在政治理论上困惑和政治行为中盲目。我们要吸取这个教训。

（二）高等教育的经济功能

“经济”有以下含义：一是指与一定社会生产力相适应的生产关系，即经济基础或经济制度；二是指物质生产；三是一个国家国民经济的总称或国民经济各部门；四是日常生活中的节约、节省等。这里的经济功能主要指第二种含义上的促进社会生产发展的功能。高等教育的生产力属性，使它产生了促进社会生产力发展的经济功能。

1.高等教育担负着劳动力再生产的任务，为生产发展提供专门人才支持

人作为劳动力是生产中最活跃的因素，而劳动力的素质直接关系到生产的效率和发展进程；一个人（或劳动力）在生产中发挥的作用如何，同他们的智力和体力的发展是密切相关的。劳动者素质的提高、智力和体力的发展，主要靠教育的培养和训练。由于教育提高了个人执行规范、学会完成新任务的能力，因而提高了个人与他人交流与协调行动的能力，提高了运用新技术和采取新行动的能力。

2.作为科学技术再生产的手段和途径，高等教育比基础教育更重要更直接

科学技术是第一生产力，科技进步因素在国民生产总值增长中的比重，如果说科学技术对生产力的作用可以用“生产力=（劳动者+劳动资料+劳动对象）×科学技术”的关系来表达，那么，高新技术对生产力发展的作用就可以用这样的公式表达，“生产力=（劳动者+劳动资料+劳动对象）^{高新技术}”。然而，作为知识形态的高新技术，一方面其相当一部分由高等教育领域直接供给，另一方面所有的高新技术只是一种潜在的生产力，它只有被劳动者所掌握并运用于生产实践，才能转化为现实生产力。这种转化，只能依靠教育特别是高等教育，别无他途。高等教育通过培养各种专业人才，通过高等学校提供的科学技术成果和直接为经济服务的各种活动来实现自己的经济功能。大量事实证明，受教育的程度越高，掌握科学技术的深度越深、广度越广，推动科学技术和生产力发展的作用也就越大。高等教育在现代化生产中的作用也就越来越重要。

3.高等教育促进经济结构的调整和完善

从总体上说，高等教育结构的发展变化、调整改革受到经济结构的制约，但同时高等教育结构一经形成又对经济结构予以巨大影响，促进经济结构的完善和发展。高等教育结构对经济结构的影响主要是通过一定的专门人才的结构来实现的。

（三）高等教育的文化功能

“文化”有广义、狭义之分。广义的文化指人类在社会历史发展过程中所创造的物质财富和精神财富的总和，是相对于自然界而言的。狭义的文化指精神

财富，包括人类所创造的科学、艺术、政治、法律、道德、宗教、哲学、教育等。在此，“文化”一词即从狭义的角度使用。

1.高等教育具有选择、传递、保存文化的功能

人类文化的延续方式是多种多样的，但教育从一开始就是人类文化传递和保存的重要途径，是主要渠道。随着社会科技文化的发展，在现代社会里，文化品种及总量迅猛增长，人类文化已成为一个浩瀚无比的宝库。如何选择、整理、传递和保存优秀的文化，其重要性日益突出和迫切，这就要通过学校教育，尤其是高等教育对文化的过滤、加工、重组，使其中对人类发展有价值的东西得到高质量和高效率的保存和传递，以使人类文化的精华得以代代相传，不断延续下去。

2.高等教育具有创新和发展文化的功能

随着社会生产力的发展和生产关系的变革，与新的社会生产力和生产关系不相适应的传统文化中陈旧落后的东西需要摒弃，而相应地要创造形成和社会生产力发展水平与生产关系变革进程相适应的新的文化思想，而这一过程的实现，高等教育发挥着极其重要的作用。

首先，文化是社会精神生产的产物，而高等学校是社会上从事精神生产的最重要部门之一。高等学校的学术研究领域可以囊括整个文化的研究对象，哲学、政治学、法学、伦理学、经济学、人类学、教育学、科学、技术等。这些领域的成果不断通过教学、出版等形式向社会传播，丰富和发展已有的人类文化。

其次，高等教育具有吸收、融合各种文化的功能。高等教育是国际学术文化交流的最主要领域，特别是当代，国际的高等教育交流日益频繁，大量的人员交流、情报资料交流、学术会议交流等形式为各种文化的相互理解、相互吸取、相互融合提供了条件。高等教育通过对外开放，在国际学术文化交流的过程中，选择、引进优秀的外来文化，把其积极因素融合到自己民族的文化中，从而促进世界各民族优秀文化在高层次上的相互撞击与启发，创造出更符合本国国情的新文化。概言之，高等教育的传递、选择、发展、创新文化的功能，曾对人类社会发展、人类文明进步做出重要贡献；并且在今天和将来主要以知识和智力为基础的社会里，高等教育的文化功能会更为突出。

再次，高等教育在培养人才方面，都比较注重学生科学文化素养的教育，培养学生对已有文化批判性思考的能力和创造新文化的能力，这是实现学校更新

文化功能的最根本的方面。

需要注意的是，高等教育促进人的发展和促进社会的发展这两个基本的功能是相互联系和统一的。因为，从根本上说，人的发展和社会的发展是统一的，人是一定社会的人，人不能超越社会，人的价值体现于社会价值之中，人的发展要在社会的发展中实现。而社会又是由人组成的，社会的发展归根结蒂取决于作为个体和群体的人的素质的提高，其发展的最终目的也是为了满足人的物质的和精神的需要。高等教育作为人与社会之间的中介，其功能就在于根据社会的需要，促进人的发展，并通过培养人来促进社会的发展。换言之，高等教育为促进社会的发展，就必须满足人的自身发展的需要，高等教育要促进人的发展，同样必须满足社会发展的需要，两者是统一的。针对教育实践中所存在的“个人本位”和“社会本位”的争论，也就是高等教育是以促进人的发展为主还是以促进社会发展为主的争论，高等教育工作者在实际工作中要善于协调它们之间的关系。因为两者之间并无根本上的矛盾，高等教育的这两个基本功能在本质上是相互联系和统一的。

第二节　体育概述

21世纪，人类已经进入休闲时代。现代人从某种意义上来说都应成为体育人，体育已经成为现代人的基本生活方式。以进行体育锻炼、开展体育运动、欣赏体育比赛为主要内容的体育权是一种基本人权，这一权利必须得到承认、尊重和维护。

一、体育的概念

“体育（Physical Education）”一词，19世纪60年代由西方传入，按其英文译意是以身体活动为其特殊形式和内容的教育行为，也是指同维持和发展身体的各种活动有关联的一种教育过程。近几十年来，随着社会的进步和体育科学实践的不断深化，对体育本质的认识与内涵研究，如何科学地确定体育的概念，已成为国际体育理论界共同关注的一个学术问题。我国也把对体育本质与内涵的揭示、体育概念的定义列为研究课题。

（一）体育的内涵和本质

体育性质是由体育内涵所反映的。因此，只有充分了解体育的内涵，发掘体育对人的价值和作用，才能真正认识体育的本质。

由于身体运动具有健身娱乐、卫生保健等多种性质和功能，它既可作为体育的基本手段，为发展和完善人的身体服务，又可通过其自身多种体育运动项目体系成为社会的各种文化现象。因而，体育的内涵和性质可归结为：体育是人类科学地发展和完善自身身体的活动过程。并可具体从以下几个方面去理解它的内涵和性质：首先，体育是人类有意识、有目的地发展和完善自身身体的活动，是为达到人类个体理想身体模式的运动；其次，身体运动虽然是发展和完善身体的基本手段，但必须结合自然力因素和卫生保健等措施同时进行；最后，身体运动还必须遵循人体适应性和变化性的自然规律（运动的适度适量），方可取得发展、完善和维持人的身体的科学效益。

体育的本质是指体育自身固有的根本属性。体育作为人类一种特殊的社会现象，其本质属性具有一定的层次性。一是从体育整体上所表现出的属性（功能性）：增强体质的活动。二是从体育要素上所表现出的属性。①目的性：体育是以培养发展和完善人类活动主体即人的身体为目的；②对象性：体育是以人的初态的身体发展水平向发展目标转化的客体为活动对象；③内容性：体育是以经过选择的人类各种身体动作为基本活动内容；④方法性：体育是以主客体之间现实能动的双向对象化交往为活动方式。由此可见，体育的本质是以人为核心要素、培育人的身体、发展和完善人类身体为目标的活动。其实质是人类遵循与适应变化的自然规律，有目的、有意识地以自身动作为基本手段，通过活动主体与客体之间能动而现实地双向对象化过程，增强体质，完善身体，促进人的身心全面健康发展，达到人类个体身体理想模式，以满足社会发展需要的活动。

（二）体育的定义

概念是对某一事物其本质属性所做出的一种科学准确的判断。随着体育实践的不断发展，人们对体育本质属性有了更深层次的认识，当出现体育教育、竞技运动和身体锻炼三者之间既有区别又有内在联系的内容，并逐渐形成与教育、文化相并列的新体系之后，原指体育教育的“体育”已不能涵盖并代替具有相对独立体系的“竞技运动”和“身体锻炼”。对体育的概念如何进行科学准确的确定、通过科学的定义来揭示体育概念的内涵，反映它的本质属性，根据我国体育发展的特点和规律，考虑到民族传统习惯，经过多次体育学术讨论，目前对体育的定义比较统一的解释是：体育是一种特殊的社会现象，在人类社会发展中，体育是以发展身体、增强体质为基本特征的教育过程和社会文化活动，其实质包括体育教育、竞技运动和身体锻炼三个方面的内容，体育是社会总文化的一部分，它的发展既受一定社会的政治和经济影响制约，也为一定社会的政治和经济服务。

上述体育概念阐明了以下两点：

其一，体育是以各种身体运动为基本手段，在身体运动过程中必须遵循人体适应性和变化性的自然规律，必须结合自然力因素和卫生保健措施，以达到增强体质、促进人的身心全面健康发展、完善人的身体为根本目的而进行的有意识的运动。

其二，体育作为一种特殊的社会现象，是社会总文化的一部分，在与社会的同步发展中，不仅仅只是满足简单的生理需要，还必须根据社会的需要，以其特殊形式和内容体系成为丰富社会文化生活与促进精神文明为目的的一种有组织的教育过程及社会文化行为。“体育”在我国是一个总概念，但需要指出的是：体育的概念并非一成不变，其内涵是随着社会的不断发展和人们对体育认识的进一步深化而不断拓宽和开发的。

二、体育的组成

现代体育由学校体育、竞技体育和社会体育三个方面的内容所组成。

（一）学校体育

学校体育亦称体育教育，是学校教育的重要组成部分，也是全民体育、全民健身的基础。学校体育作为教育和体育的交叉点和结合点，又是国家体育事业发展的战略重点，为了达到学校体育教育的目标，不同层次的学校体育应按不同教育阶段目标和学生年龄特征，面向全体学生，通过学校体育课程教学、课余体育运动训练、体育运动竞赛和课外体育锻炼等基本组织形式，运用各种体育内容与方法，来锻炼身体，增强体质，增进健康，传授体育知识、技术和技能，提高体育文化素养和终身体育能力，培养思想道德素质及意志品质，全面实现学校体育教育的各项目标，取得包括生理、心理及社会等因素在内的良好综合效果，满足将来的学生对精神、体质、文化生活等的需要。由于学校体育是一种有组织、有文化、有目的的身体教育过程，并处在学校教育这个特定领域，其实施内容且被纳入学校教育总体计划，实施效果又有一定的措施予以保证，从而学校体育与德、智、美诸育密切配合，共同构成一个完整的学校教育过程。因此学校体育是培养和全面发展人的一个重要方面。

（二）竞技体育

竞技体育亦称竞技运动（Sport），源于拉丁语cisport，其含义原指“离开工作”而进行的游戏和娱乐活动。但随着竞争因素的介入，其已成为在全面发展身体素质的基础上，最大限度地发挥和挖掘人的体力、智力与运动才能等方面的潜力，以获取优异运动成绩为目标而进行的科学、系统的训练和各种竞赛活动。目前竞技体育在现代奥林匹克运动会的推动下，已有50多项被列入国际体育比赛的运动项目，并设有与此相应的国际体育组织和体育单项运动协会。同时，随着社会经济的繁荣和人们生活水平的不断提高，以不同层次水平和对象参加的群众性体育竞赛活动（健身、自娱等以取胜为目的）日趋频繁，并逐渐形成竞技体育特点，从而使竞技体育领域得以不断扩展。现代竞技运动特点是：竞争性强；具有高超的技艺，以取得优异运动成绩为目的，以追求“更高、更快、更强”为目标；在“公平竞赛”和“参与比取胜更重要”等原则下按照严格统一的规则进行竞赛，成绩得到社会的承认。由于竞技体育具有上述特点，因而极易吸引观众，并被作为一种极富感染、极易传播的精神力量，在活跃社会文化生活、振奋民族精神、促进世界各国人民之间的友谊和团结等方面，从来都有着极为特殊的社会教育作用。

（三）社会体育

社会体育亦称群众体育，是指以健身、健美、休闲、娱乐、医疗和康复为目的的群众性体育活动。它的开展有助于身体、情绪、精神和社会与家庭的健康。目前国内外经常开展的娱乐体育、余暇体育、养生体育或医疗体育均属于此范畴。其特点是：活动内容丰富多样，表现形式新颖灵活，自愿参加并因人而异，注重实效性，具有广泛的群众性，其活动领域遍布整个社会。社会体育作为学校体育的延伸，可使人们体育生涯得以继续维持并受益终身，它的开展有助于增强人们身体的、情绪的、精神的和社会的健康，起到身心放松的作用，是现代人生活方式不可缺少的重要内容之一。社会体育的发展，取决于国民经济的繁荣、国民生活水平的提高、人们余暇时间的充分和社会环境的稳定等因素。从世界体育领域发展趋势来看，社会体育的普及程度和发展规模都有同竞技体育并驾齐驱之势，并已成为现代体育发展的重要标志。

三、体育的功能

体育的功能主要是促进社会的物质文明建设和精神文明建设，有着推动社会进步和人类发展的作用。它可归纳成六个方面，即健身功能、娱乐功能、促进个体社会化功能、社会感情功能、教育功能和政治功能。

（一）健身功能

体育运动的健身功能包括对人身体和心理两方面的积极作用。

1.增强体质，促进身体健康发展

大脑是人体的指挥部，人体一切活动的指令都是由大脑发出的。经常进行锻炼，可以改善大脑的供血情况，加速新陈代谢，促进血液循环，改善中枢神经系统对各器官系统的调节作用，从而使机体的生理发育更加完善，发展人体生理机能和身体素质水平，提高人体的基本活动能力和适应能力。冰冻三尺非一日之寒，锻炼身体非一朝一夕，坚持持久，持之以恒，体质就会增强，不仅能提高工作效率，而且能延年益寿。

2.对人的心理、精神的积极作用

从事体育运动不仅可以使人心情舒畅、精神愉快，而且对发展人的心理过程和个性也有明显的作用。

心理过程包括认识、情感、意志三个过程。而个性包括能力、性格、气质、动机、兴趣、世界观等。随着体育科学的发展，人们发现体育运动对发展人的思维力、观察力、注意力和想象力具有良好的促进作用，并能培养人的勇猛、顽强、积极向上的优良品质。

（二）娱乐功能

随着现代化的长足发展，人们的生活安排合理，业余时间增多了。如何善度余暇成了一个社会性问题。丰富多彩、健康文明的余暇生活不仅可以使人们在繁忙的劳动之后获得积极性休息，而且可以陶冶情操，愉悦身心，培养高尚的品格。

由于体育运动技术的高难性、造型的艺术性、配合的默契性和易于接受的朴素性，使它成了现代人们余暇生活的一个重要组成部分，起到了丰富社会文化生活、满足人们精神需要的作用。我们称此为体育运动的娱乐功能。

现代体育运动，特别是竞技运动，运动技艺日益向难、新、尖、高、美的方向发展，一些杰出的运动员能在一定的空间和时间中把身体控制到尽善尽美的程度，使健、力、美高度统一起来。所以人们在观看体育比赛时，产生一种犹如欣赏最优美的舞蹈、线条明快的雕塑、光影谐和的摄影艺术一般的感受，是一种美的享受。

另一方面，人体在参加体育运动时，由于各种运动项目的不同特点，能使人在实践中获得各种不同的情感体验。如气功使人悠然自得，乐在其中；跑步能使人有条不紊，勇往直前；打球使人机智灵活，豁达合群；旅游则可以饱览名山大川，赏心悦目，心旷神怡……现代奥运会的创始人皮埃尔·德·顾拜旦在他的名作《体育颂》中，满腔热忱地歌颂了体育的这一功能，他写道：“啊，体育，你就是乐趣！想起你，内心充满欢喜，血液循环加剧，思路更加开阔，条理更加清晰。你可使忧伤的人散心解闷，你可使快乐的人生活更加甜蜜！”的确，体育无愧是一种最积极最健康的娱乐方式，它使人们善度余暇，身心健康。

（三）促进个体社会化功能

所谓个体社会化是指由生物的人变成社会的人的过程。人刚出生时只是一个生物的人，只具有本能和生理活动，要使他变成一个社会成员，一个适应社会需要的人，就必须要有一个学习和受教育的过程，这个过程就叫做人的社会化。

由医护人员给初生婴儿做被动体操，可算是人出生后进行的最初体育活动。儿童在游戏过程中可以学会走、跑、跳、攀登、爬越、搬运等最基本的生活技能，提高他们的基本活动能力。社会在向青少年传授人类文化的优秀遗产——文化科学知识中，有关身体健康和体育运动的知识是一个重要的组成部分。

体育运动是一个社会互动的方式。在体育活动中，特别是在对抗的竞赛中，个人之间、集体之间，发生着频繁而激烈的思想和行动上的交锋，会不时地出现对参加者的思想品德的严峻考验。如长跑到了“极点”时，是坚持下去还是半途而废；对方侵人犯规时，是毫不计较，还是“以牙还牙”；比赛失利时，是相互鼓励还是互相抱怨；裁判误判时，是大方宽容还是“斤斤计较”；比赛节节胜利时，是谨慎从事，还是骄傲自大；等等。经受了这些考验，能培养集体主义与以大局为怀和善于处理人际关系的优良品德，使体育运动的社会化功能得到发挥。如1982年我国女排在第三届世界杯比赛中荣获世界冠军，收到来自全国各地的来信3万多封，其中大中小学生来信占总数的85%，说明青少年喜欢体育活动，他们是最容易被感染的一代，是充满激情的一代，他们的社会责任感和爱国热情是一触即发的。所以，体育是促进人的社会化的一个极有吸引力的重要手段。

（四）社会感情功能

体育的社会感情功能是与人的社会心理稳定性直接有关的。一般情况下，个人的需要和社会的需要是基本一致的，以这些需要为原动力，可以推动人们努力工作，遵守社会准则，为社会做贡献。但是，有时会由于种种原因导致一些人心理失调，甚至连正常的个人需要和社会需要也会被窒息而产生一种变态心理。如有些人痛不欲生，或由于社会骚乱表现出暂时冷漠等。

体育运动，能使人产生强烈的感情刺激和感情体验，调整失去平衡的心理。如我国运动员在国际比赛中取得优异成绩时，整个社会现象反映了体育感情功能，如全国掀起向女排学习的高潮，各条战线比、学、赶、超为国争光。特别是对“失足落水”的人，它像一副清醒剂，使他们猛然清醒，决心痛改前非，重新做人。一位自称心灵麻木的大学生在给女排的来信中写道：“十年长醉，十年麻木，我已经失去了欢乐和悲哀，就连那金色的十月，也仅仅化作一丝淡淡的笑影，不曾留下太多的痕迹。而今，你们重新唤起了我心底对祖国的爱，是你们顽强的身姿、昂扬的斗志和对祖国赤诚之心点燃了即将泯灭的爱火，我惊奇地发现，在这激动的夜晚（指女排获冠军那晚）突然用欢乐和泪水与过去告别……十年来我第一次感受到自己的心脏在跳动——和着祖国脉搏的强烈节奏；十年来我第一次感到做一个人的尊严——中国人的骄傲。”体育可使人们在身体活动的实际体验中对自己的健康、生活和未来充满信心，从而使整个民族朝气蓬勃、生机盎然，在调节社会心理平衡方面，是一个卓有成效的重要手段。

（五）教育功能

体育的教育功能突出地表现在它广泛地被纳入各国的教育体系之中。从儿童和青年时代就不断地通过体育来促进人的全面发展。

1.教导基本生活技能

科学证明，人出生以后在本能方面比不上动物，适应环境的能力较差，连最简单的坐、立、走都不会（许多动物一出生就会走），这些基本的生活技能是靠后天学习获得的，体育运动是学习这些技能的主要内容和手段。学习这些技能是发展身体的过程，也是教育的过程。

2.传授文化科学知识

社会在向青少年传授文化科学知识中，有关身体健康和体育运动的知识是一个重要的组成部分。因为这些知识是使青少年坚持合理的健康生活方式的前提条件。

3.教导社会规范，发展人际关系

马克思主义创始人认为：“社会是以共同的物质生产活动为基础而相互联系的人类生活的共同体。”社会是人们交互作用的产物。

体育运动本身就是一个有章可循的有一定约束的社会活动，它是在一定的执法人——裁判员或教师、教练员的直接监督下有组织地进行的，这对培养年轻一代遵守社会生活的各种准则是一个很好的强化过程。

体育运动还是一种具有很强说服力的教育手段。如中国女排勇夺奥运冠军后，中国热在世界各地蔓延，中国运动员所到之处备受欢迎，同时，更是极大地鼓舞着全国各族人民。

第三节　高等教育中的体育探究

高等体育教育隶属于学校体育教育，是学生接受体育教育的最后阶段，是学校体育的最高层次，是学生学习和独立运用的衔接点，对学生踏入社会后的体育观念和意识起着承上启下的作用，地位至关重要。从高等体育教育的目的性来看，它是为大学生身心健康与发展服务的，是大学生改造自己的实践活动；从过程性来看，高等体育教育是寓促进身心和谐发展、思想品德教育、文化科学教育、生活与体育技能教育于身体活动并有机结合的教育过程，是实施素质教育和培养全面发展人才的重要途径；从内容来看，它包括大学生生存与发展所需要的各种生存能力的形成与提高的内容。

一、体育教育在高等教育中的地位与作用

（一）体育教育在高等教育中的地位

体育教育在高等教育中的地位，是由社会对高等教育的要求所决定的。现代社会要求我国高等教育培养出“适应建设有中国特色社会主义的，面向现代化、面向世界、面向未来的，有理想、有道德、有文化、有纪律的社会主义新人”，即全面发展的人。这就要求高等教育必须树立全面发展教育观。所谓全面发展教育，就是指为促进受教育者的全面发展而实施的德育、智育、体育、美育等多方面的教育。从学校教育历史发展概况可以看出，体育教育已经成为全面发展教育的重要组成部分，这是社会的要求、历史的必然。中共中央、国务院颁布的《关于深化教育改革全面推进素质教育的决定》中明确提出了“实施素质教育应当贯穿于幼儿教育、中小学教育、职业教育、成人教育、高等教育等各级各类教育”“必须把德育、智育、体育、美育等有机地统一在教育活动的各个环节中。学校教育不仅要抓好智育，更要重视德育，还要加强体育、美育、劳动技术

教育和社会实践，使诸方面教育相互渗透、协调发展，促进学生的全面发展和健康成长”的新要求，并强调“学校教育要树立健康第一的指导思想，切实加强体育工作，使学生掌握基本的运动技能，养成坚持锻炼身体的良好习惯”。这就进一步确立了体育教育在学校教育乃至高等教育中的地位，赋予体育教育以新的内容，并给学校体育和高等教育的改革和发展指明了方向。

（二）体育教育在高等教育中的作用

1.体育教育促进高等健康教育的发展

什么是健康？世界卫生组织在其宪章中明确指出：“健康不仅仅是没有疾病或不虚弱，而是身体的、精神的健康和社会适应性良好的总称。”这使健康的概念大大超出了疾病的范围，把人体的健康与生物的、心理的和社会的关系紧密地联系起来。健康教育的目的是通过健康的过程以改善、达到、维持和促进个体及社会的健康状况。

高等健康教育是以传授健康知识、建立卫生行为、改善环境为核心内容的教育，即通过有计划、有组织、有系统的教育活动，促进人们自愿地采用有利于健康的行为，消除或降低危险因素，降低发病率、伤残率和死亡率，提高生活质量，并对教育效果作出评价。高等健康教育的任务是使学生养成良好的生活习惯和行为模式，达到最佳的健康状态。高等体育教育的主要目标也是通过体育活动增进学生健康，增强学生的体质。因此，高等体育教育和健康教育，在增进学生的健康方面是相一致的。它们通过各自的侧重点——高等体育教育通过积极主动的身体活动来锻炼身体、增强体质，健康教育以良好行为习惯和个体自我保健能力的培养作为重点，来共同完成增进学生健康，增强学生体质的任务。高等体育教育也只有与健康教育相结合，才能更好地实现高等体育教育的目标。

2.体育教育维护高等教育对人才培育的完整性

体育教育作为高等教育的一个重要组成部分，对培养德、智、体、美等全面发展的社会主义新人、维护高等教育对人才培育的完整性发挥着至关重要的作用。

（1）增强大学生身体机能的发展。青年时期是个体发育成长的关键时期。科学研究发现，人体的速度、力量、弹跳、耐力等身体素质指标，随着年龄的增长而自然增长。其中，男子的各项指标的高峰出现在19～22岁之间，女子在

11～14岁之间出现第一次高峰，19~22岁出现第二次高峰。人体在这个阶段的生长发育、身体素质水平可能受种族、气候、遗传、营养、体育锻炼等多种因素的影响，其中体育锻炼是影响人体生长发育最积极、最经济的手段。高校体育经科学的方法有计划、有组织地指导学生锻炼身体，可以促进和改善学生的运动、消化、呼吸、心血管和神经系统的功能，增强学生的心脏工作能力，从而促进学生身体技能的进一步提高。

（2）促进大学生智能发展。现代社会知识的更新越来越快，这就要求人们必须具有较强的学习能力。健康的体魄、特别是健康的神经系统，是智力发展的物质基础。现代科学研究证明，一个人聪明与否，与大脑的物质结构状况和机能有关。坚持经常的体育锻炼，能保证大脑能源物质与氧气的充分供应，使大脑神经细胞发育充分。同时，不同性质的运动动作，能给大脑和神经系统提供各种刺激信息，有利于提高大脑皮层细胞活动的强度、均衡性和灵活性，使整个大脑神经系统的结构能得到改善和提高。通过体育运动，还可以使大脑在紧张的学习工作中松弛有度、消除疲劳、保持清醒，从而有助于提高大脑的工作能力，保持敏锐的感知能力、灵活的思维能力、丰富的想象能力、良好的注意力和记忆力，提高学习效率。

（3）加强大学生思想和道德品质教育。实践证明，体育教育对培养学生高尚的思想品德和道德情操具有积极的作用。这是因为各种体育手段和方法中具有极其丰富的思想品德教育因素。通过参加体育活动，能够使身体完成各种练习，在征服自然障碍和同伴的默契配合中获得一种非常美妙的快感和享受，可以培养学生勇敢顽强、吃苦耐劳、坚韧不拔的进取精神和团结友爱、互助合作的集体主义精神以及热爱集体、遵守纪律的良好作风，从而有助于学生良好的思想品德和道德行为的养成。

二、高等教育体育文化

体育是高等教育文化的一个重要组成部分。校园体育文化是所有师生及员工在健身运动、体育教学、体育设施建设和运动竞赛等活动中创造和拥有的精神财富和物质财富的总和，包括该校的体育观念、精神、体育教学规范等一切物质、制度、精神文化的综合。高校体育文化包括体育的意识文化层、体育行为文化层和体育物质文化层。高校体育文化的载体是体育课、课外体育活动、体育文化艺术节、单项体育项目比赛、综合体育运动会（含全国大学生运动会）等。

高校体育文化是校园文化和体育文化两者相互影响、融合、渗透、促进而发展起来的，受其体育教育目标“将健身锻炼与培养学生专业能力有机地结合起来”的影响，形成了自身相对鲜明的特征，发挥着自身独特的功能。它对学生的知识传授、应用技能、职业素养以及世界观、人生观、价值观，有着激励、引导和规范作用。不断更新高校体育教育理念、完善体育文化育人的环境、营造良好的校园体育文化，对学生的健康成长以及高校的长远发展有着极其重要的意义。

三、高等教育体育的休闲娱乐

体育休闲娱乐是人们闲暇时为增进身心健康所进行的以体育为手段的身体活动。体育休闲娱乐具有强身健体的健身功能、丰富生活的文化功能、愉悦身心的娱乐功能、完善自我的教育功能。健康文明、积极向上的体育生活方式已成为现代人生活的基本内容和习惯。21世纪，我国高校体育课程在“健康第一”“终身体育”的思想指导之下，特别是《全国普通高校体育课程教学指导纲要》对体育课程目标进行了重新界定，即在身体健康目标中要求大学生养成良好的体育行为习惯，形成健康的生活方式。在这样的背景下，我国高校体育课程进行了一系列的改革，逐渐向休闲娱乐化发展。这对培养当代大学生体育生活方式、对其终身体育思想的树立及其终身从事体育锻炼的习惯之养成具有重要意义。

体育休闲娱乐生活方式可以分解为体育休闲娱乐活动的主体、体育休闲娱乐活动的条件和体育休闲娱乐活动的形式三个构成要素。按照体育休闲娱乐活动的时间和项目的同定程度，可以将体育生活方式分为规范型、定时型、定项型和泛化型四种生活方式。体育休闲娱乐的形式有：棋类、台球、高尔夫球、飞碟、飞盘、极限运动、攀岩、跆拳道、壁球、沙壶等。

四、高等教育的竞技体育

大学的竞技运动是学生的体能、技能和心智能力在运动竞赛过程中得到提高的社会实践活动。从扩大学生体育知识面、传播人类运动文化的角度出发，在大、中、小学向学生传授一定的竞技运动知识、技术和技能，使学生能够利用所学的运动知识、技能或娱乐消遣，或锻炼身体，或竞技比赛，养成终身体育的习惯。因此，在现代体育课程中，要有适当比例的运动知识、技术、技能的教学内容。在学生锻炼身体的过程中，糅进一些运动知识、技能，会增加学生运动锻炼的兴趣，增强健身效果。

中国一直把在普通高等学校培养高水平体育运动员这一现象称为“高校高水平运动队”，而美国、加拿大等国家则把这种现象称为“大学竞技体育”。在我国虽然没有把“高校高水平运动队”称为“大学竞技体育”，但这两个实体基本上是相同的。

大学竞技体育要明确几点：大学竞技体育隶属于大学学校体育，学生运动员是参加大学竞技体育的主体，学生运动员首要的任务是完成学业，教育性是大学竞技体育的本质。高校开展竞技体育运动有助于提高我国高校竞技运动水平，有助于推动学校阳光体育运动的开展，有助于丰富校园文化生活、提高学校的声誉，有助于培养复合型的、有文化的高级专门人才。

五、高等教育体育的资源与评价

大学体育教育的资源涉及体育教师、体育运动的场馆、设备、体育经费、体育信息等。大学体育教育的载体是体育课程、课外体育运动、校园体育文化、体育运动竞赛等。大学体育教育的对象是大学生成才和大学生的体质健康水平。而对大学体育教育的评价机制是促进大学体育教育不断发展的保障。评价机制包括教师评价、教学评价、学生评价、运动竞赛评价、课外体育活动评价、体育管理评价等。

第二章 高等体育教育系统综述

高等教育是我国在完成中等教育的基础上进行的专业教育，是培养高级专门人才的主要社会活动。普通高等教育肩负着为我国社会主义现代化建设培养高素质、高层次的创新性人才的重任。本章就从高等体育教育的观念、高等体育教育课程的规划与改革、高等体育教育内容的发展和高等体育教育发展的具体模式进行研究和讨论。

第一节 高等体育教育观念

深化教育改革，全面推进素质教育，是我国教育事业的一场变革。邓小平同志指出："教育要面向现代化，面向世界，面向未来。"根据三个面向的思想，要求我们必须更新教育观念转换教育角度，确立与全民健身终身体育思想相适应的崭新的教育内容、手段、方法和模式，建立具有中国特色的高等职业体育教育体系。

一、中国高等体育教育观念上的发展

中国有五千年的文化，我国的体育思想包含着人类历史的珍贵遗产。为了便于阐述中国和西方国家体育思想的不同和相互交融，我们暂且把它们称之为东西方体育。

（一）东西方体育思想的交融和发展

东西方的体育有着不同的类型，同时表现出不同的特征。中国的传统体育

虽有比赛，但并没有像西方那样发展成体系完整的竞技运动，而西方体育中，从来也没有出现过诸如太极、气功那样的东方运动；西方沿着一条“更高、更快、更强”的道路，由初步产生时的游戏发展成了竞争激烈的比赛，而在中国的体育项目中，出现了不少动作缓慢、节奏悠然的非竞技性运动。这种区别固然有一些社会和历史原因，但是要分析这种区别形成的直接成因，就应当分析形成这两种体育的体育思想和观念。

中国古代文化是典型的东方文化，中国古代体育也是典型的东方体育，中国古代体育的目标是修身养性，其典型的项目则是导引、气功和太极。中国古代体育之所以会形成如此的格局，这和中国文化的哲学思潮有关，也可以说，中国古代的体育观实质上是教育和礼仪观的组成部分，反映为一种对人体认识的人文观。

东方和西方体育是两种完全不同走向的运动。在运动目的上，东方主要表现为运动主体——人的修身、养性和内部完善；而西方则表现为运动客体——技术和技能的完善。在运动的根据上，东方表现为“天人合一”的哲学思维；而西方则表现为哲学和自然相结合的科学思维。在运动的形式方面，东方表现为“上下相随”“左右相依”“内外相合”的整体性；而西方则强调动作外在技术的完善。在运动负荷方面，西方体育强调“更高、更快、更强”的竞技原则；而东方体育则力求把负荷控制在一定的范围之内，不主张运动的激化造成人体内部平衡的破坏。在运动的基本术语方面，西方均采用物理概念，如强度、密度、频率、节奏、速度、力量等；而东方则采用哲理概念，如阴阳、动静、刚柔、统一、相济等。在运动结果方面，西方体育无论是成绩评定还是比赛胜负，最终可以用物理量表示；而东方体育实现自我满足和完善即为评价的终点。

从世界发展的动态来看，东西方的体育项目正在全球得到渗透，两种体育完全可以在一个星球上同时发展，在体育思想方面，东方的人文观和西方的科学观也正在融合，这种发展趋势对学校体育思想的完善正起着重大的影响。

（二）中国高等体育教育观念转变的必要性

中国社会正由传统向现代化变迁，在这过程中，学校体育也必然受到社会变革的冲击。当前的中国，教育发展滞后于社会整体发展，学校体育滞后于教育的发展，要使学校体育改革走出困境，就要从改变观念着手。

固然古代“天人合一”的哲学思想与人文精神可以成为继承的宝贵遗产，但现代学校体育毕竟源于西方。在我们学习西方学校体育的同时，有不少人满足于规范的制度、统一的大纲、严密的结构与整齐的队形，甚至认为这是当代西方国家无法和我国比拟的优点。殊不知这些正是我们弱点的表现。因为规范不能和国情相结合，统一不能和灵活相结合，严密不能和活泼相结合，整齐划一不能和发展个性相结合，将导致中国学校体育永远是凝固与僵化，我们不能对世界各国学校体育的发展视而不见，在这里，我们首先要学习的是观念而不是形式。

作为影响学校体育发展的传统观念必须打破，我们列举的权威化、功名化、正统化、礼仪化和单一化五种价值取向对学校体育的发展与改革具有一定的消极作用，理所当然要用新的观念取代它们。但是，我们在学习西方先进的学校体育思想的同时，一定要结合中国的国情，绝不能照抄照搬。我们确立的学校体育新思想必须能适应我国社会主义初级阶段的国情，又能适应世界发展的步伐，这也是我们改革的关键和难点所在。

二、高等体育教育观念转变的对策

体育教育思想、体育教育观念正确与否，直接关系到高校体育教改实践的方向与成败。随着时代的发展和社会的进步，许多传统的体育教育思想和观念面临挑战。当前影响和制约高校体育教育改革的根本因素更多的是来自人们头脑中固有的陈旧思想和传统观念，以及直接受这些思想观念影响的思维方式。要使中国高校体育教改向纵深发展，首先必须从转变思想和观念做起，从时代特征和我国国情出发，从我国高校体育教改和发展的实际出发，而且必须遵循高校体育教育的客观规律。所以深入研究拓新高校体育教育观念，加速推进素质教育，全面提高大学生整体素质，既有深刻的社会背景，也是高校体育教改向深层次探索体育教育内涵的重要标志，同时也是实施我国21世纪人才战略的重要举措。

（一）办学指导思想、办学方向和办学思路是办学观念的集中体现

办学观是教育思想体系中的高层次观念，它对教育教学的整体改革与发展具有极其重要的指导作用。一般来说，办学观主要从办学指导思想、办学方向和办学思路三个基本方面表现出来。

1.不断端正办学指导思想，真正明确学校的根本任务

学校以什么为根本，是办学指导思想最集中的体现，作为教育和高等教育的一个重要组成部分，体育高等教育是培养体育高级专门人才的一种社会活动。在体育高等学校所具有的培养人才、发展科学和服务社会三种职能中，培养人才是最基本、最主要、最本质、起决定作用的首位职能，后两种职能对培养人才具有相辅相成的作用。因此，体育高等学校必须将培养人才作为自己的根本任务，把不断提高人才培养质量作为主要目标，并使之与规模、结构、效益统一协调，走出一条以内涵发展为主的办学道路。忘记或者忽略了人才培养，就意味着学校的办学指导思想不端正。

2.坚持正确的办学方向，形成与发展学校的优势与特色

办学方向是从学校培养什么人这个问题上体现出来的。从根本上来说，我们党和国家的教育方针已经明确规定了各级各类学校的办学方向，即培养德、智、体诸方面全面发展的社会主义事业的建设者和接班人。按照教育方针的要求，结合各校实际，对各校人才培养模式和规格加以具体化，就有可能形成和发展各校的优势与特色，使自己在激烈的人才培养竞争中始终立于不败之地。譬如，在目前国家体育总局直属院校隶属关系等暂时基本不变的情况下，如何科学分析、正确区分直属体育院校与地方体院、其他高等院校体育系（院）的异同，进而采取积极的措施，发展自己在人才培养方面的优势，突出自己的特色，就是体育高等院校在办学方向上一项极其重要的根本性工作。

3.明晰系统的办学思路，突出学校的中心工作

如果说关于办学指导思想和办学方向的确定，主要还属于宏观的理性思考的话，那么明晰系统的办学思路就不仅是一种思考，更是一种微观的操作决策。围绕办学思路的首要问题，必须明确学校的中心工作和核心任务，即把教学工作始终作为学校的主旋律，把深化教学改革、提高教育质量作为学校永恒的主题。这个问题往往被一些同志、特别是一些高校的领导者视为常识而遭忽略，然而恰恰就在这个最基本、最简单的问题上，由于这种常识性的忽略而使学校最主要的工作受到极大干扰。君不见，领导、教师、学生的精力和经费对教学投入的“四个不足”不同程度地普遍存在；教育教学质量的滑坡现象不为鲜见，有些学校还比较严重。这些都说明我们的办学思路必须分辨主次、正本清源，否则将在这个

最基本的问题上本末倒置、买椟还珠。

（二）尊重学生地位、明确培养模式和组织教学形式是教学观念的基本要素

1.尊重学生在教学活动中的主体地位，重视学生独立学习和创新精神培养

受苏联凯洛夫教育思想的影响，我国历来非常强调教师在教学过程中的主导作用，比较注重教师组织教学的规范性，体育高等教育亦然，如果从我国教育的文化背景、社会承受教育的能力、教育水平、整个社会的文化素质和教育教学的客观条件等方面分析，这种倡导并非全无道理。然而从现代教育对人才培养的基本要求，特别是教育教学的主要目标与对象，及其双边活动的特点来看，也很容易发现我们在教育教学过程中忽视学生主体地位的偏差。由于这种观念上的偏颇，我们过多地单纯要求教师应该怎么做、必须怎么做，以致忽略了教师的“教”要受制于学生的“学”，教什么、怎么教都不能从教师的主观愿望出发，而必须从学生实际出发的教学基本规律。长此以往，就养成了学生单纯依赖教师，人云亦云、亦步亦趋、非此即彼的思维方法与学习习惯，缺乏独立学习和创新精神。除了从教师和课堂上学到的那一丁点少得可怜的知识之外，又何谈能力的培养与素质的发展？可见，时代的发展迫切要求我们体育高等教育采取积极的措施，有效地拓展教育学的时空，切实加强学生独立获取知识能力的培养，并使之具有强烈的创新精神，以便为学生的终身学习和长远发展奠定良好的基础。

2.贯彻因材施教，提倡人才培养模式的多样化，促进学生个性发展

“因材施教”这个早在几千年以前就由中华民族的至圣先哲孔子提出的教学原则，时至今日依然具有积极的指导作用，只是需要对它充实以时代的崭新要求。这个要求反映在人才培养上，主要表现为提倡人才培养模式的多样化和促进学生个性发展。所谓人才培养模式，就是学校为学生构建的知识、能力和素质结构，以及实现这种结构的方式。换言之，人才培养模式实际上就是人才的培养目标、培养规格和基本培养方式，它从根本上规定了学校所培养人才的特征，是教育思想和教育观念的集中体现。而个性在心理科学中则被定义为“导致行为以及使一个人区别于其他人的各种心理特征和属性的动态组合”。然而长期以来，我们的高等教育基本上是用一个统一的模式去“塑造”所有学生，不容标新立异，不得离经叛道，过度地强调统一和规范，缺乏应有的风格与特色，从而压抑了学

生学习的内在动力和个性发展。由于人才总是有个性的，没有个性就没有人才，因此限制学生个性的发展必然会降低人才培养的质量。联想到我们在体育人才培养中贯彻因材施教，也就是要把鼓励学生发展自己的个性作为重要的教育思想，并通过各种教学环节加以具体落实，使体育院校培养出来的学生，在专业基本规范统一的基础上还有各自的特长与绝招，体现在人才培养的模式上也就必然表现出多样化的特征。

第二节　高等体育教育课程规划与改革

课程的设置，直接决定着学生完整的知识结构和能力。当社会的政治经济文化及生活环境发生巨大变化时，这种变化所导致的结果之一，就是社会对人才质量的看法发生变化。而这种变化在中国加入世贸组织后显得尤为突出，从而也使得高校课程体系的规划改革问题变得迫切起来。

一、高等体育教育课程规划

（一）高校体育课程目标规划

中共中央为实施我国21世纪人才战略，适应经济体制和经济增长方式两个根本性转变和迎接21世纪人才竞争，于世纪之交在“关于深化教学改革全面推进素质教育的决定”中明确指出：“实施素质教育就是全面贯彻党的教育方针，以提高国民素质为根本宗旨，以培养学生的创新精神和实践能力为重点，造就有理想、有道德、有文化、有纪律的德智体等全面发展的社会主义事业建设者和接班人。”明确提出了要把我国21世纪的高等专业人才培养成为：能够迎接21世纪新技术革命挑战的新人，能够参与全球性竞争与合作的新人，以及能够主动适应积极推进甚至引导一系列社会变革的现代化新型人才。因而，国家教育部在迈入21世纪的第一年，就系统地自下而上地总结了素质教育实施和推进过程中的客观规律和具体经验，于2002年在教体艺第13号文件中印发了《全国普通高校体育课程教学指导纲要》。要求各级教育主管部门和所属高校于2002年（教育部属高校）和2003年（全国普通高校）在新学年开始施行，并将各地、各校在施行中的意见和建议及时反馈到教育部、体育卫生与艺术教育司。这一全新的素质教育指导纲要的实施，不仅打破了中华人民共和国成立50年来一贯的自上而下和统得过死的课程模式格局，而且也以其对现代化高校体育课程的科学规划极大地加速了全国普通高校全面推进素质教育的进程。

1.课程性质

（1）体育课程是大学生以身体练习为主要手段，通过合理的体育教育和科学的体育锻炼过程，达到增强体质、增进健康和提高体育素养为主要目标的公共必修课程，是学校课程体系的重要组成部分，是高等学校体育工作的中心环节。

（2）体育课程是寓促进身心和谐发展、思想品德教育、文化科学教育、生活与体育技能教育于身体活动并有机结合的教育过程，是实施素质教育和培养全面发展的人才的重要途径。

2.课程目标

（1）基本目标。基本目标是根据大多数学生的基本要求而确定的，分为五个领域目标：

①运动参与目标。积极参与各种体育活动并基本形成自觉锻炼的习惯，基本形成终身体育的意识，能够编制可行的个人锻炼计划，具有一定的体育文化欣赏能力。

②运动技能目标。熟练掌握两项以上健身运动的基本方法和技能；能科学地进行体育锻炼，提高自己的运动能力；掌握常见运动创伤的处置方法。

③身体健康目标。能测试和评价体质健康状况，掌握有效提高身体素质、全面发展体能的知识与方法；能合理选择人体需要的健康营养食品；养成良好的行为习惯，形成健康的生活方式；具有健康的体魄。

④心理健康目标。根据自己的能力设置体育学习目标；自觉通过体育活动改善心理状态、克服心理障碍，养成积极乐观的生活态度；运用适宜的方法调节自己的情绪；在运动中体验运动的乐趣和成功的感觉。

⑤社会适应目标。表现出良好的体育道德和合作精神；正确处理好竞争与合作的关系。

（2）发展目标。发展目标是针对部分学有所长、学有余力的学生确定的，也可作为大多数学生的努力目标，分为五个领域目标。

①运动参与目标。形成良好的体育锻炼习惯；能独立制订适用于自身需要的健身运动处方；具有较高的体育文化素养和观赏水平。

②运动技能目标。积极提高运动技术水平，发展自己的运动才能，在某个运动项目上达到或相当于国家等级运动员水平；能参加有挑战性的野外活动和运动竞赛。

③身体健康目标。能选择良好的运动环境，全面发展体能，提高自身科学锻炼的能力，练就强健的体魄。

④心理健康目标。在具体挑战性的运动环境中表现出勇敢顽强的意志品质。

⑤社会适应目标。形成良好的行为习惯，主动关心、积极参加社区体育事务。

所以，我们说这一全新的素质教育指导纲要的颁布，也标志着中国的高校体育课程目标达到了一个相对完善和现代化的历史过程。

（二）高校体育课程结构规划

1.课程设置

普通高等学校的一、二年级必须开设体育课程（四个学期共计144学时）。修满规定学分、达到基本要求是学生毕业、获得学位的必要条件之一。

普通高等学校对三年级以上学生（包括研究生）开设体育选修课。

2.课程结构

为实现体育课程目标，应使课堂教学与课外、校外的体育活动有机结合，学校与社会紧密联系。要把有目的、有计划、有组织的课外体育锻炼、校外（社会、野外）活动、运动训练等纳入体育课程，形成课内外、校内外有机联系的课程结构。

根据学校教育的总体要求和体育课程的自身规律，应面向全体学生开设多种类型的体育课程，可以打破原有的系别、班级建制，重新组合上课，以满足不同层次、不同水平、不同兴趣学生的需要。重视理论与实践相结合，在运动实践教学中注重渗透相关理论知识，并运用多种形式和现代教学手段，安排约10%的理论教学内容（每学期约4学时），扩大体育的知识面，提高学生的认知能力。

要充分发挥学生的主体作用和教师的主导作用，努力倡导开放式、探究式教学，努力拓展体育课程的时间和空间。在教师的指导下，学生应具有自由选择课程内容、自主选择任课教师、自主选择上课时间的自由度，营造生动、活泼、主动的学习氛围。

应把校运动队及部分确有运动特长学生的专项运动训练纳入体育课程之中。对部分身体异常和病、残、弱及个别高龄等特殊群体的学生，开设以康复、保健为主的体育课程。

二、高等体育教育课程改革

（一）课程与课程改革

“课程”是一个正在不断发展着的概念，长期以来把课程仅仅理解为传统课程中所规定的知识体系，这已经远远不够了。课程不能局限于只是各种科目静态的集合，而应该包括动态的学习过程。因此“课程”和“学科”“教学内容”等词既有联系又有区别，课程不仅包括学科还包括了其他活动。课程也不只是教学内容，还有对内容的安排、进程、时限等。

如果按照上述思维方式来理解课程，就应当赋予课程更为广泛和深刻的含义。从这个意义上看，课程应包含课程设计和课程实践两大部分。课程设计包括课程编制的目的、原则、内容和方法，包括如何制定教学大纲和编写教科书。课程实践主要是指教学活动。课程设计和课程实践是辩证统一的，课程设计相当于绘制教学蓝图，而课程实践是按照蓝图施工。

课程理论的发展使人们对课程产生了不同的理解，但是，把课程视为静态的课程设计与动态的课程实施相结合的观点却成了人们的共识。因此，我们可以把课程理解为：根据教学目标，把可以作为教育内容的文化财富与受教育者的发展阶段相适应的结构化教育活动方案及其实施过程。

教学的定义在我国是明确的，它是以教师为主导，以学生为主体，以教学大纲内容为主线的有目的、有组织地向学生传授知识技能和进行共产主义思想道德品质教育的过程。很显然，教学仅是课程标准的实施过程，它并不包含课程的设计及课程标准的制定。但是，按照对课程的广义理解，它既包含了课程的设计，还包含了课程的实施，因此可以把教学过程包含在课程的设计和实施之中。按照这样的理解，实施课程改革要比实施教学改革深刻得多。

课程改革是一个对整个课程进行再设计的过程，它应当是“学校（计划的主体）根据法令和教学大纲等目标（计划的目标），根据地区和学校实际情况，学生的身心发展的特性（计划的思想），将学科等教育内容（计划的内容）与学年授课时数相应分配的（计划的方法）整体计划以及用一定的组织与方法实施这个整体计划”。如果把课程看作一个总体计划制订与实施，那么它是包含了计划的主体、目标、思想、内容与方法等多方面的结构，这样理解课程而开展的课程改革就是一种影响整个教育的全面的彻底的改革。

中华人民共和国成立以来，我国师范院校向学生传授的主要是“教学论”，没能较为全面地传授“课程论”；我国教育改革主要开展的是“教学改革”，没能积极地提倡“课程改革”。

正是由于我国是处在不重视课程论的条件下开展了课程改革，这种改革只能在内容和内容排列上作修正，其改革是不彻底的。因此，要实施彻底的课程改革，首先要把课程理论从教育理论中分化出来，形成自身的体系，并在理论上把课程与教学进行区分。

（二）学校与教师在课程改革中的作用

既然把课程看作为一种总体方案的制定与实施的全过程，那么，从课程依据的确定直至课程计划的完成就是一项复杂的系统工程，它不可能单独由某一部门来完成。在制定课程的过程中，上至中央以及各级地方教育行政部门，下至具体的学校和教师均应参加这一项工作。至于体育教学计划，理所应当最终由学校来完成。

在我国制定课程的是教育部，执行课程的是学校和教师，地方教育行政部门、学校校长和教师均没有义务在制定课程方面做一些工作，他们只要执行由教育部安排好的统一的课程就可以了，因此，“实施课程标准的主体是学校”，不仅在认识上跟不上，更重要的是在实际中也行不通。

在我国，最高教育行政单位理所当然地承担了制定课程的重责，作为学校仅仅是执行既定的课程方案，根本谈不上是制定课程方案。学校只需制订一些执行既定课程计划的计划，如教学进度和教案等。

我国最高教育行政单位把新中国成立以来5次修订的课程标准称之为“教学计划”，这就告诉大家，教育部具有教学计划的制订权，学校的校长和教师只须认真执行、坚决贯彻就是尽职尽力。其实，新中国5次修订教学计划从性质上应当称为“教学大纲总纲”，把它称为教学计划是不妥当的。从我国的传统习惯来看，把这一类文件称为教学计划也不妥，清末1902年制定的是《钦定学堂章程》，1904年制定的是《奏定中学堂章程》，国民政府1912年制定的是《普通教育暂行课程标准》，直到中华人民共和国成立之前，一直把这类文件称为课程标准。如要严格地区分各种教育文件，课程标准即为教学大纲的总纲，具体学科的标准即为教学大纲，而教学计划一般指学校实施课程标准的具体计划。用词的混乱带来了思想的混乱，对我国的课程改革带来了很大的损害。

学校理应参加体育课程的设计，理应成为最终实施课程标准的主体，但实际情况是差距甚大，中国进一步实现体育课程改革非要下大决心、费大力气不可。

第三节　高等体育教育内容的发展

体育教育内容是实现体育教学目标的重要手段。因此它在体育教学当中扮演着无可替代的角色，没有内容任何教学都是空谈。所以，体育教学内容的革新与发展在体育教学改革当中起着举足轻重的作用。

一、体育教学内容的概念与含义

（一）体育教学内容的概念

体育教学内容，就是以达到体育教学目标为目的，而进行的体育知识和技能体系等方面的选择和运用。

体育教学内容在体育教学实践中作为教师教与学生学的实践材料而存在，它的选择，是教育者根据教育的一系列要求，通过对前人体育和教育实践经验进行综合的总结，按照教育原则，进而从丰富的体育技能理论当中精挑细选而来的。教学内容在教师与学生中间扮演着中介和媒体的角色，决定着教师和学生之间的信息交流。体育教学内容对于体育教学方法和教学手段同时是起到制约作用的，也决定着体育教学的效果和目标实现的程度。

（二）体育教学内容的含义

体育教学内容具有以下两个方面的含义。

1.体育教学内容有别于一般的教学内容

（1）体育教学内容是在依据体育教学的目标选择的基础之上，根据学生身心发展的规律以及需要，在教学条件允许下精心挑选和加工而来的。

（2）体育教学内容是以大肌肉群的活动状态进行的教育，主要形式有运动技术学习和教学比赛以及理论讲授等。

（3）体育教学内容的传授依赖于某种特定的教学条件。

2.体育教学内容区别于竞技运动

（1）体育教学内容的目的是进行教育，而竞技体育运动的内容的目的则是娱乐和竞技，并不是进行教育。

（2）体育教学内容在成形之前必须根据教育目标的需要进行一定程度的改造和编排，而竞技运动内容则可以理解为更加单纯的体育。

体育教学内容从形式上来说跟其他学科的教育内容相比是有很大的区别的，体育教学的内容虽然从来源上讲是娱乐和竞技等方面，但却与其本身在体系上有非常多的不同之处。这些特点使得体育教学内容拥有特质，在教学内容中处于一种独特的地位，同时也说明体育教学内容从选择、加工以至教学，相比于其他教学内容都更加复杂。

二、体育教学内容的分类

体育运动项目的种类数不胜数，所以体育教学的内容也随之非常的丰富。因此安排体育教学内容的分类时，根据哪种逻辑进行分类成了重点问题。对体育教学内容进行合理的分类能够使教师和学生对于体育教学内容的认识更加深刻，在此基础上符合教学的目标。大多体育教学内容之间的关系是平行的，并没有过多的纵向逻辑关系，加之体育教学内容往往是可替代的，因此在体育教学内容的分类当中，争议还是比较广泛的。目前，体育教学内容的分类方法大致包含以下几大类。

（一）根据人体基本活动能力分类

以人体的基本活动能力为依据进行，也就是根据人类具有的走、跑、跳、投、攀登、爬越、钻、负重等基本活动能力，从而对所有的运动项目、身体练习按照这一标准进行分类。

这种分类能够有目的、有针对性地对学生的基本活动能力进行培养，并且不会受到正规的体育运动项目条框的限制。所以，这种方法在有利于组合教学内容的基础上来对学生的各种身体动作和发展基本活动能力进行发展，所以这种分类模式对于低年级的学生比较适合。但这种分类在学习掌握体育运动技能、发展体能等方面的局限性比较强，对于高年级学生来说其要求往往无法满足，容易使高年级学生缺失对体育运动的重视。

（二）根据身体素质分类

体育教学的主要目标之一就是帮助学生增强身体素质。根据身体素质进行分类，可以将速度、力量、耐力、灵敏、柔韧，或者根据与动作技能相关的体能分为速度、力量、灵敏、协调、平衡、反应等，也可以根据与健康相关的体能将身体素质分为心肺耐力、柔韧性、肌肉力量、肌肉耐力、身体成分等，将这样各个不同运动项目的身体练习进行完全不同的分类组合。

运用这种分类方法在提升学生的身体素质时可以有着更加突出的针对性，对于使学生正确认识各种体育运动项目与身体练习以及对体能的发展相当有利，同时还能够有目的、有针对性地使学生的体能获得非常大的进步。但其中的弊端是，在体育运动项目当中，许多项目并不是以提高某一方面身体素质为前提的，因此对待这类项目时这种分类显得比较模糊，而且这种分类在学生对体育教学内容的文化特性的认识上可能将学生带入误区当中，可能使学生忽视了体育运动的文化方面的认识。

（三）根据运动项目分类

根据运动项目进行分类在体育教学内容的分类中是最常见的分类方法，它是按照各个运动项目的名称和内容而进行具体的系统分类的，大致可以分为球类、体操、田径、武术、体育舞蹈、冰雪运动、水上运动等，对各式各样的运动项目分类特点加以详细的划分。

这种分类对于分析了解各个体育运动项目的特点，而后再进行教学是特别有利的，因为这种分类和通常意义下的竞技运动的分类相一致，在各个方面都更加容易理解，对于学生掌握并理解竞技运动文化具有非常大的帮助。但是这种分类方法将导致一些在教育上可能有突出作用，但并没有被列入正规体育比赛的项目当中的一些运动项目被忽略，而且即使在正式比赛的项目当中，也可能由于规则、技能等方面具有相当高的水平，对于学校体育教育并不相符，所以如果将其纳入体育教育内容当中必须进行一定程度上的改造，但经过改造后，这类教学内容往往会与本来的运动项目出现非常大的差异，所以在内容上更加难以判别，对学生在运动项目的理解和掌握上造成非常大的影响。

（四）综合交叉分类

综合交叉分类是一种将基本部分与选用部分、理论与实践教学内容、各项运动的基本教学内容与提高身体素质练习教学内容等相互交叉的综合分类方法。

综合交叉的分类方法能够准确地将不同学生的不同年龄阶段身心发展特点和对学生学习的基本要求反映出来，对达成体育教学的目标有非常突出的作用，在有助于保持运动项目的固有特点和系统性的基础上，同时增强学生进行身体锻炼的实效性，从而在体育教学内容的运用上使运动项目的技术和学生身体素质的练习同时发展，相互配合。但是这种分类方法往往无法用同一标准进行衡量，因此对于事物分类的基本原则是一种违背。

三、体育教学内容的发展研究

对体育教学内容的发展进行研究，对于在未来进行体育教学内容的革新与发展有着非常大的帮助。

（一）对体育教学内容的反思

1.体育教学内容的逻辑关系不强

由于体育教学内容相比于其他教学内容没有足够强的逻辑性，所以在教学内容的安排上应当避开逻辑性，在更深的层面上进行研究。

2.竞技项目如何教学化

在我国的体育教学内容发展过程当中，竞技体育项目始终是体育教学的主要内容。但与体育教学相比，运动训练是有着本质上的不同的，所以如果以专业训练的标准要求学生在体育教学汇总地学习，那么必然会出现难度过高、内容枯燥、教学效果欠佳的问题。所以要想在体育教学内容中加入竞技体育的内容，那么对其进行改造是必不可少的，这样才能适应体育教学对内容的需要。

3.体育教学内容与健康教育的关系

体育教学内容从根本上来说，应当与健康教育相辅相成。但在实际教学当中，人们一直都很忽视理论基础知识的选择，固有思想总是认为体育课就是要实践，认为上体育实践课的老师对于健康教育是不在行的，而会上健康教育课的老师对于体育实践课又不熟悉，这使得体育教学和健康教育被剥离开来。但是终身体育观点的提出使人们认识到，体育与卫生保健是相辅相成的，科学锻炼才能保障健康。所以现代体育教师必须注重理论与实践相结合。

4.体育教学内容应该多样化还是重点突出

相比于其他学科，体育教学在横向上的内容则更加丰富，因为其他学科的内容有着比体育教学更强的逻辑性，终身体育思想使得很多教育工作者开始思考目前的体育教学内容太多导致学生学不会的问题经常出现，所以很多学者提出学生只要具备一项运动技能就足够了的观点，他们认为，学生进行终身体育，一项体育技能足以。同时也有很多的反对呼声，因为那将把体育教学内容置于一个过于狭小的范围内，并且一个项目很难满足人的一生中各个阶段中对体育运动的兴趣。所以，项目太多或项目太少对于体育观念来说都过于片面。这一问题可以通过设置多样化教材内容，选择特长项目的方法来实现。

（二）体育教学内容的发展趋势

1.向不同学段逐级分化和从规定性向选择性方向转化

在过去，体育教学大纲在进行体育教学内容的选择时总是想要寻找体育各个项目中的逻辑关系，根据这一逻辑关系将体育教学内容系统化，不过出于体育教学内容的逻辑性几乎是不存在的，所以这种努力总是石沉大海。因此，在未来的体育与健康的教学大纲中，进行体育教学内容的选择时，更应注重寻找体育学科当中内在的一些规律，体育课程中的内容挑选往往都是学生喜欢的，富有时代性的，并且根据年龄和学段的不同，在教学内容上加以区分。

2.从教师价值主体向学生价值主体转化

体育教学内容的选择与确定将受到各个方面的制约。在过去的体育教学大纲中，体育教学内容的选择与确定往往更重视教育者对于教学内容的价值取向，因此重视的仅仅是教师的教。而随着体育教学改革的进行，越来越多的人开始重视学生对体育教学内容的价值取向，所以根据学生学而进行体育教学内容的选择的方式更加普遍。

3.从只注重提高身体素质向身心全面发展的方向转化

体育教学内容的选择由于受到各个方面的制约，导致学校的体育课程曾经是纯粹的以提高学生跑、跳、投等身体素质为目的的一种体能达标课。新的教学改革大纲出台之后，学习教育往往更加强调素质教育，因此学校对于学生素质的全面发展肩负着无比重大的责任。在体育教学内容方面，这项内容的选择与确定，同样要符合素质教育的要求，使学生在身心方面获得全面的发展。

4.考虑终身体育目标的要求

学校体育为终身体育打基础是一个大的趋势，而终身体育目标的达成则取决于学生参加体育所需的技能、知识和态度。所以教学内容应当更加注重健身性、运动文化传递性与娱乐性，在健身价值和终身运动性强的运动项目中间做出选择。

5.吸收新型体育项目、娱乐性项目和民族传统体育项目

社会进步令我们在体育方面的选择更加丰富多彩。学生更加追求新鲜的体育项目，所以体育教学内容也要注重推陈出新。除此之外，我国多民族的特性决定了各个民族都有出色的民族特色体育项目，这些民族项目既各具特色，又有良好的健身价值，在体育教学内容的选定中应适当根据具体情况加以选用。

（三）体育课程内容的新体系

体育要做到与社会相结合，同时与学生的日常生活相结合，这在现代体育的发展中是一个不可逆转的趋势。所以体育教学内容应当扩宽，形成自己的新体系。在这个新体系当中，体育教学内容应当包括身体教育、保健教育、娱乐教育、竞技教育和生活教育五个方面。

1.身体教育

身体教育是指以健身为目的的体育教育。身体教育的目标是要提高人的各项基本活动能力。在这其中，身体成分、肌肉力量、有氧耐力及柔韧性是重要的与健康相关的运动素质。

2.保健教育

保健教育指在学习相关体育知识的过程中确保学生的安全和健康，这其中生理和保健知识也是必不可少的。在体育教学内容中必须重视运动处方的理论和实践，从而将保健教育和体育教学结合起来。

3.娱乐教育

体育教学内容中的娱乐教育可以非常灵活地结合在社会的每个角落。每个人每个民族的娱乐体育活动都是丰富多彩的，因此促使它成为体育教学内容是一种有益的选择。

4.竞技体育

竞技体育主要是以专项运动项目为主要内容的教学内容，由于竞技体育事业的飞速发展，学生对竞技体育是相当喜爱的。但在教学过程中，绝对不能照搬对运动员的要求而进行体育教学，在各个方面应该针对学生来进行适当的处理，从而适应学生的实际情况和需求。

5.生活教育

生活教育在这里指防卫训练、拓展练习、冒险教育及健康生活教育。现今时代，城市化影响着每一个人，包括学生。但这种生活有时候会显得内容单调，因此很多学生希望亲近大自然，而这种追求在体育教学内容方面又可以有新的选择。

第四节 高等体育教育发展模式探究

教学模式是在长期教学实践活动中形成的一种带有系统化和稳定化特点的操作样式。体育作为学校教育的重要组成部分，近几年来，体育教学模式的革新与发展越来越多地引起有关专家和学者的重视，由此可以看出体育教学模式在现代体育教学中的重要作用。

一、体育教学模式的基本理论

（一）体育教学模式的界定

有关体育教学模式的界定，是从20世纪80年代才开始进行专门的探讨的。目前，体育教学模式的概念并未统一，其规范化程度还有待于进一步提高。在体育教学模式的研究中，许多学者对体育教学模式的定义都提出了自己的认识和观点，下面就列出几种比较具有代表性的。

（1）李杰凯认为，体育教学模式“是蕴含特定的教学思想，针对特定的教学目标，在特定教学环境下实现其特定功能的有效教学活动与框架，是以简洁形式表达的体育教学思想理论和教学组织策略，是联系体育理论与体育教学实践的纽带”。

（2）杨楠认为，体育教学模式是“体现某种教学思想或规律的体育活动的策略和方式，它包括相对稳定的教学群体和教材、相对独特的教学过程和相应的教学方法体系”。

（3）毛振明认为，体育教学模式是“按照一定的体育教学理论或教学思想设计，具有相应结构和功能的体育教学理论或教学活动模型”。

（4）樊临虎认为，“体育教学模式是指在一定的教学思想或理论指导下，设计和组织体育教学而在实践中建立起来的各种类型体育教学活动的范型，它以简化的形式稳定地表现出来”。

综上所述，体育教学模式能够有一个初步统一或认可度较高的概念，即“体育教学思想特定，用以完成体育教学单元目标而实施的稳定性较好的教学程序就是所谓的体育教学模式”。

（二）体育教学模式的结构

体育教学模式的结构主要包括教学思想、教学目标、操作程序、实现条件以及评价方式等，具体内容如下。

1.教学思想

作为体育教学模式的灵魂，教学思想是建立体育教学模式所应具备的基本理论与思想基础。也就是说，要想建立体育教学模式，就需要有一定的理论知识对其进行指导，在不同理论指导下所建立起来的体育教学模式是有所差异的。例如，我国在20世纪80年代所建立起来的愉快教育与日本的快乐体育，这两种教学模式都是根据当时学生学习时的具体需求产生的，有利于学生参与学习活动的积极性和主动性的充分调动，并能够通过体育教育养成终身体育的习惯。

2.教学目标

在体育教学过程中，建立体育教学模式的目的就是更好地实现体育教学目标。如果没有体育教学目标，也就没有体育教学模式存在的必要和价值了。体育教学模式所能够达到的教学效果是体育教师对某项教学活动在学生身上将产生的效果所作出的预先估计。体育教学目标是具体化了的体育教学主题的表现，体育教学模式要以教学目标为核心，教学目标能够制约体育教学模式的其他结构要素。

3.操作程序

教学活动中的教学环节或步骤就是所谓的操作程序。在体育教学活动中，操作程序主要指的是在时间上展开的逻辑步骤以及各逻辑步骤的具体做法等。无论哪种体育教学模式，其操作程序都是独特的，是与其他教学模式不同的。操作程序并不是一成不变的，但它一定是基本的和相对稳定的。

4.实现条件

所谓实现条件是指体育教学模式中所采用的策略和手段，它是对操作程序的补充说明，并能够使体育教师选择合理的、正确的教学方法和策略。人力条件、物力条件和动力条件三个方面是体育教学模式中实现条件的主要内容。具体就是体育教师与学生、体育教学内容与时空以及学校的基础设施等。

5.评价方式

不同的体育教学模式所要完成的体育教学目标不相同，而且所采用的教学程序和条件也存在差异。因此，不同的体育教学模式也具有不同的评价标准和评价方式。每一种教学模式的评价标准和评价方法都是特定的，如果使用统一的标准进行评价，就会使评价不具备科学性，评价结果失去说服力。例如，与标准化评价相比，群体合作教学模式的评价标准是采用计算个人和小组合计总分的评价方式。

二、体育教学模式的改革

目前常见的体育教学模式是有限的，但随着体育教学改革的不断推进和创新，还会有更多的教学模式不断出现，并且在体育教学中得到应用。而关于未来体育教学模式的改革，其改革侧重点与趋势主要表现在以下几个方面。

（一）重视学生的主体性

传统的教学模式对教师的主导作用的重视程度比较好，其将教学过程片面地归结于教师的教，而将学生的学忽视掉了，这就使得学生在教学过程中处于被动地位，对学生主观能动性和能力的培养产生了一定的阻碍作用。

随着以学生为中心的教学理论的发展，传统意义上的师生关系有了较大程度的变化，他们的地位和作用也有了一定的改变。“教师中心论”逐渐被“教师主导学生主体论”取代。在这种新的教学观的影响下，体育教学模式也要进行一定的改变。具体来说，主要改革趋势为：由教师中心教学模式向教师主导学生主体的教学模式的转变。教师主导学生主体的教学模式，对于学生创新能力、自学能力、探索能力的培养较为有利，在一定程度上调动起学生学习的能动性和积极性。除此之外，还需要强调的是，这与现代人才的培养理念是相符的。因此，可以将其作为体育教学模式的一个重要的改革方向。

（二）注重学生能力的培养

现代社会科学技术发展迅猛，知识增长迅速，终身教育的普及以及竞争压力的不断加大，这些都对人们的能力提出了更高的要求，单一的知识积累已经不能使当今社会的需求得到满足。因此，在体育教学过程中，必须在教学模式上进行一定的改进，因为只有这样才能够更好地培养学生的运动能力、创造能力、自学能力和社交能力。

另外，在普及九年义务教育初期，就已经开始强调要使学生全面发展德智体美劳，而且在越来越多的实践活动中，人们已经充分认识到了能力的重要性。在这样的条件下，从强调知识的传授逐渐转向重视能力的培养就成为体育教学模式改革的一个重要方向，这样能够使学生在参与实践活动的同时，对自己有更加全面的认识，从而不断挖掘和培养自身的各项能力。

（三）保留演绎型教学模式

教学模式形成的方法主要有由概括实践经验而成的归纳法和靠逻辑生成的演绎法两种。从一种思想或理论假设出发设计成的一种教学模式，就是所谓的演绎教学模式，其中，20世纪50年代以后产生的教学模式大都属于这一类型。演绎教学模式是从理论假设开始的，形成于演绎，其对科学理论基础非常重视。演绎教学模式的这一特点不仅为人们自觉地利用科学理论作指导提供了一定的可能，而且还为主动设计和建构一定的教学模式来达到预期的目的奠定了一定的基础。由此可以看出，演绎型的体育教学模式的发展是教学模式发展的一个重要趋势，是与教学理论的发展和研究方向相符的，因此改革中要注意保留演绎型体育教学模式。

三、体育教学模式的发展

（一）理论研究的精细化

研究体育教学理论，其目的既是为了更好地指导体育教学实践，也能起到对体育教学实践进行总结的作用。如果没有理论研究，又或者缺乏体育实践，那么整个体育教学就会失去意义。因此，必须将体育教学的理论研究与实践研究相结合，来加强理论研究的力度与成效。

（1）与其他理论相同的是，体育教学模式的研究必将从对一般教学模式的研究走向学科教学模式的研究，再到课堂教学模式的研究。

（2）对体育课堂教学模式的研究又趋向于精细化，包括学期教学模式、单元教学模式、课时教学模式。精细化是体育教学模式研究的必然趋势。

（二）教学目标的情意化

教学实践研究表明，智力因素和非智力因素对学生的学习活动起着非常重要的作用。现代体育教学模式的不断发展也逐渐对传统教学活动中过于强调智力因素，而忽视非智力因素的作用等状况进行了改善，并取得了良好的效果。现代体育教学模式的目标在使学生增长知识、培养学生能力的同时，更加注重人格教育、品德教育、情感教育与知识教育结合在一起。随着人们对人本主义心理学越来越重视，学生的情感陶冶也开始备受关注，并将情感活动视为心理活动的基础，对学生独立性、情感性和独创性进行了更加全面的培养。例如，情境式体育教学模式和快乐式教学模式通过问题情境的创设，提高教学过程的新奇与趣味性，使学生的学习兴趣得到有效激发，从而产生一种强烈的学习动机，这种动机下学习和掌握体育知识技能带有很强的情意色彩。

（三）教学形式的综合化

体育教学形式的综合化是指体育教学模式向着课内和课外一体化发展。由于受到时间的限制，课内的时间不能充分培养和发展学生自动化的运动技能与锻炼身体的习惯。这就需要在教学中安排充足的课外时间进行练习和巩固，而课内的主要任务就是学习新知识，纠正错误动作。只有这样才能更加熟练地掌握运动技能，实现个体运动技能的自动化。但从目前情况来看，我国各高校对课外体育活动的重视程度相比于体育课本身要弱很多，有的甚至处于放任自流的状态，这对体育教学效果有着非常严重的影响。

从体育教学模式发展的角度来看，由于目前对课外体育活动的不够重视，使得有关这一方面的研究也受到了很大的影响。“课内外一体化”教学模式虽然设计了课内与课外相结合的教学，但在实际的运用过程中还不够成熟，也没有形成明确的操作模式。因此，目前并没有将其列入现有的体育教学模式体系中。相信这种模式的理论与实践发展成熟后，其自然能够成为一种重要的体育教学模式。

（四）教学实践的现代化

随着现代教育和科技的快速发展，高校体育教育在教学手段方面也得到了很大程度的突破，各种教学实践活动呈现出较为明显的现代化特点，并逐渐实现了对传统体育教学方法的改革和创新。在现代体育教学活动中，先进技术产品和手段的运用也在很大程度上提高了体育教师的授课效率，同时也进一步增强了学生学习的兴趣，调动了他们主动学习的积极性。目前，现代体育教学模式已经开始与现代教学技术手段相融合。由此可以看出，在体育教学模式中引入和运用先进的技术手段是其发展的重要趋势。

（五）评价标准的多元化

体育教学模式的不同，其评价的方式也会有所差异。随着现代教育改革的不断深入，体育教学模式也发生了较为明显的变化。单一的评价方式是很难对某一体育教学模式的科学性做出全面、客观的反映的。这就要求在评价时要采用全面的评价方式，所选择的评价指标也必须多元化。

传统的体育教学模式过于重视结果评价，而忽视了对学生学习和实践过程中的评价，这就使得学生的学习兴趣、爱好、情感反应等方面都很难得到全面的体现和反馈。而现代的体育教学模式逐渐摆脱了单一的终结评价方式，开始重视学生的学习过程评价、单元评价以及学生的自我评价等。

第三章　信息技术与高等体育教育

信息技术的推动和信息需求的牵动使人类社会经济发展进入一个崭新的时代。当代高等教育的变革是以现代信息技术为平台的，现代信息技术在高等教育中的作用已从辅助地位提升到基础地位，在这样一种宏观环境下，只有加快我国高等学校体育信息化进程，不断地创新，并实施跨越式发展，才能适应整个高等教育系统的不断解构与新的整合。

第一节　信息技术概述

一、信息技术的涵义

人们在社会生活中息息相通，人类的实践经验和积累的知识代代相传，从这个意义上说，有了信息的传播和交流，人类社会才能不断发展。在科学技术高度发展的今天，一切都离不开信息。信息被视同为金钱、效率、时间。信息已成为国家和社会取之不尽、用之不竭的重要战略资源。

用于开发和利用信息资源的信息技术，被公认为改变社会整个形态的高新技术。它的发展和利用，极大地提高了人类对信息进行处理、存贮和传递的能力和效率，使现代化大生产方式在开发和利用信息方面成为可能，从而革命性地提高了人类获取知识和科学技术的效率，创造出人类社会迄今最先进、潜力无穷的生产力，使社会由工业化社会转变成信息化社会。

什么是信息技术呢？信息技术是近二三十年来迅速发展起来的科学技术，通常是在计算机与通信技术支持下用以采集、存贮、处理、传递、显示那些包括声音、图像、文字和数据在内的各种信息的一系列现代化技术。广义的信息技术包括计算机和通信技术本身及其在广泛领域的应用。狭义的信息技术局限于信息工作范围内使用的现代化方法和工具。信息技术也可理解为能够扩展人的信息功能（即人同信息打交道的本领，包括提取和收集信息、处理信息、存贮信息、传递和产生信息的本领）的技术。它是在分析、探索与掌握人的各种信息功能的机制基础上，运用信息科学提供的原理与方法以及各种技术（包括电子技术、激光技术等），综合出新的人工系统来延长、增强、补充与扩展人的信息器官的功能。其中最有意义也是最引人注目的是补充和提高大脑处理信息和产生信息的功能。

信息技术是自20世纪70年代以来，随着微电子技术、计算机技术和通信技术的发展形成的一个全新的、用以开发和利用信息资源的高技术群。目前，信息技术仍以强劲势头快速发展，变化日新月异。随着技术的发展，应用领域的扩大，信息技术的内涵也会更加丰富。

二、信息技术的主要内容和特点

（一）信息技术的主要内容

现代信息技术以计算机技术、通信技术与传感技术为主导，它们是信息技术中最基本的、也是最精华的核心部分。除此之外，信息技术还包括信息存贮技术、显示技术、复印技术、声像技术、视听技术以及人工智能等。

计算机是存贮与处理信息的机器。计算机技术主要包括信息存贮、信息处理、信息分析、信息产生（如决策等）以及自动控制等技术，它是人的信息处理器官（即大脑）功能的延伸与扩展。

通信技术是迅速、准确传递与交流信息的重要手段，它包括信息检测、信息变换、信息处理、信息传递以及某些信息控制与调节技术。它是人的信息输送系统（即神经系统）功能的延伸和扩展。通信技术的发展已有100多年的历史。目前应用较广的有卫星通信、数据通信、移动通信。总的发展趋势是从模拟向数字化、综合化方向发展。

传感技术主要包括信息识别、信息检测、信息提取、信息变换以及某些信息处理技术。计算机输入与输出技术是传感技术的重要组成部分。早期的穿孔纸带与穿孔卡片阅读机等输入方式已被磁盘机、磁带机和键盘所代替。光学字符识别（OCR）、图像扫描、声音输入等新技术发展较快，且在实际工作中得到应用。输出技术包括打印机、显示器、绘图仪、计算机缩微胶片输出机等。传感技术是人的信息感受器官（即感觉器官）功能的扩展和延伸。

信息存贮技术主要研究信息存贮的载体和方法。它包括印刷、复印、缩微存贮、磁存贮、光学存贮、计算机存贮等技术，它是人的记忆功能的扩展和延伸。

声像技术主要包括录音技术、录像技术、电视技术和电影技术。主要研究声音、图像等信息的模拟、存贮、传递、显示和处理技术。

人工智能主要研究用机器模拟人类的某些智力活动，例如图形识别、学习过程、探索过程、推理过程及环境适应等有关理论和技术。它通过模拟人类的宏观和外显思维过程来解决现实世界的问题。它有三大分支：知识工程、模式识别和机器人学。信息工作的智能化系统和专家系统的研制和开发都离不开人工智能的研究。

（二）信息技术的特点

信息技术的实现离不开当代科学技术（如微电子技术、光学技术、机械技术等）的支持，它是建立在当代科学技术成就基础上的高新技术，有其自身规律性的特点，即“新、快、密、高”。

（1）“新”是指新兴技术信息技术是近二三十年发展起来的全新技术群，它的应用推动了一批新兴企业群的兴起——信息产业。

（2）“快”是指发展速度快，成果转化为生产力的周期短。日新月异的变化是信息技术发展的又一特点。主要表现在知识更新快，产品更新快，设备更新快。

（3）“密”是指知识密集、技术密集、信息密集。由于现代科学技术发展的相互渗透和综合，加强了信息技术的知识密集、技术密集和信息密集的程度。

（4）“高”是指高投入、高效益、高智力、高竞争、高风险、高势能。

三、信息技术发展带来的影响和机遇

现代信息技术的发展彻底改变了人类获取、处理、传播信息的手段和方式，特别是Internet的诞生，使人们能够更方便、迅速、多途径地发送和获取信息，彻底消除了信息交流中的时间、空间等影响因素，人们可以异地开展学术交流、远程教育、异地会诊和手术、家中购物、网上对弈和聊天、社会求助等。这次信息技术革命发展得如此迅猛，极大地影响了人们的工作方式和行为习惯，提高了人们的生活质量，对社会的发展、科学技术的进步等都产生了巨大的推动作用，也为我们的发展带来了新的机遇。

我们在惊喜地迎接这一崭新的信息时代到来之际，必须清楚，机遇和挑战共存。现代信息技术的发展可能会对社会状态不同的国家产生不同的后果。当今社会，谁拥有先进的信息技术，谁控制了信息，谁就掌握了主动。随着信息技术的发展，信息在政治、文化、经济、科技和军事方面的作用与影响已越来越大，并逐渐成为权力、战略和威慑的主导力量，它决定着国家的整体实力。谁在收集、处理、加工和传播信息上拥有更强的能力，谁就有条件获得竞争的优势。美国等西方国家不遗余力地推动本国的信息化建设，利用对信息资源及其相关产业的垄断地位，对信息技术领域发展相对落后的国家实行信息技术控制和信息产品倾销，就是为达到其相应的政治、文化、经济和军事目的，使得在客观上导致了这些国家对发达国家的依赖，成为信息技术“殖民地”。

对信息技术的依赖将使一个国家处于弱势，发达国家随时可能根据自己在政治、经济、科技及军事等方面的需要，在信息传递和信息技术等方面对发展中国家进行某种制裁，使之产生信息危机，其命脉操纵在他人手中。因此，信息化发展水平直接关系到未来中国在世界经济和政治格局中的地位。对此我们要有清醒的战略上的认识，把握这次信息技术革命给我们带来的契机，接受挑战。既要引进先进的信息技术，又不能完全或盲目依赖，必须发展自己的信息技术，探索出一条符合本国国情又不受他人控制的信息技术发展道路。

第二节　高等学校体育的信息化趋势

随着现代信息技术的普及和应用，信息技术对高等教育发展的促进作用已引起人们的极大关注，其结果必然对高等教育各子系统产生重要的影响。现代信息技术在高等学校体育领域的广泛应用，已成为高等学校体育改革与发展的强大支持力，其结果必然是形成一种全新的高等学校体育形态。

一、高等学校体育信息化概述

（一）信息化的含义

信息化就是人们追求或推动一个系统中信息资源利用和信息技术应用的过程。所以，信息化应该包含以下四个方面的含义：

（1）对信息重要性的认识，将信息作为一种基本的构成要素，即信息资源应是信息化的核心；

（2）是信息技术的广泛应用，即信息资源的利用与信息技术的应用是信息化的目的；

（3）信息网络是大范围有效传递信息的基础，也是现代信息技术最具代表性的特征之一，因此它是信息化的基础；

（4）信息化作为一个社会过程，受到人们在观念、理想、意志、技能以及团体的利益、社会组织结构等多方面因素的作用和制约，因此，信息化应有与之对应的保障机制。

（二）高等学校体育信息化的特征

高等学校体育信息化既有“技术”的属性，同时也具有“教育”的属性。从技术属性看，高等学校体育信息化的基本特征是数字化、网络化、智能化和多媒体化。数字化使得教育信息技术系统的设备简单、性能可靠和标准统一；网络化使得信息资源可共享、打破时空限制、易实现人际合作；智能化使得系统能够做到体育教学行为人性化、人机通讯自然化、繁杂任务代理化；多媒体化使得信媒设备一体化、信息表征多元化、复杂现象虚拟化。

从教育属性看，高等学校体育信息化的基本特征是开放性、共享性、交互性与协作性。开放性打破了现有的学校体育教育体系，使得学校体育趋向于自主化、终身化和社会化；共享性是信息化的基本特征，它使得大量丰富的体育资源能为全体学习者共享，取之不尽、用之不竭；交互性能实现人—机之间的双向沟通和人与人之间的远距离交互学习，促进教师与学生、学生与学生、学生与其他人之间的多向交流；协作性为教育者提供了更多的人—人、人—机协作完成的机会。

现代信息技术与高等学校体育系统的整合，将使高等学校体育发展具有以下信息化特点：

1.信息网络的依赖性

信息网络是信息化建设的重要内容，也是实现高等学校体育信息化的物质基础和先决条件。Internet是当今世界上最大的、覆盖面最广的计算机互联网；它利用TCP/IP协议将世界各地各种计算机、局域网、广域网通过互联设备连接起来。自1994年以来，我国实现了和Internet的TCP/IP协议联结，开始了Internet全功能的服务。网络的迅速发展，推动了我国高等教育信息化建设。高等学校体育顺应我国高等教育信息化趋势，依托中国教育和科研计算机网（CERNET）、高校校园网等，开始了我国高等学校体育信息化建设。

2.教学内容多媒体化

教学内容多媒体化就是利用多媒体，特别是超媒体技术，建立教学内容的结构化、动态化、形象化表示。已经有越来越多的教材和工具书变成多媒体化，它们不但包含文字和图形，还能呈现声音、动画、录象以及模拟的三维景象。在这样的多媒体学习材料中，各内容之间被超链接，在网络上发布并共享。

3.教学过程中学生学习地位的主体化

由于体育教育信息网络化、信息呈现的多媒体化以及信息的可扩充性等特点，学生完全摆脱了过去那种被动接受式的学习方式，可以主动积极地建构知识，实现在不同的环境和条件下自主探索性地学习体育知识和技术，充分体现学生在学习过程中的主体地位。

4.学习活动合作化

通过合作方式进行学习活动也是当前国际教育的发展方向。信息技术在支持合作学习方面可以起重要作用，在计算机网络通讯工具的支持下，学生可突破地域和时间上的限制，进行同伴互教、小组讨论、小组练习、小组课题等合作性学习活动。

5.教学管理自动化

利用计算机管理教学过程的系统叫做CMI（计算机管理教学）系统，包括计算机化测试与评分、学习问题诊断、学习任务分配等功能。最近的发展趋向是在网络上建立电子学档，其中包含学生身份信息、活动记录、评价信息、电子作品等。利用CMI为教学评价的改革提供有力的技术支持，真正实现面向学习过程的教学评价。

6.教育环境虚拟化

教育环境虚拟化意味着教学活动可以在很大程度上脱离物理空间时间的限制，这是高等学校体育信息化的重要特征。许多建设了校园网的高校，如果能够充分开发网络的虚拟教育功能，做到虚拟教育与实在体育结合、校内体育与校外体育贯通，就构成高等学校体育信息化新的教育功能模式。这就是高等学校体育信息化的发展方向。

二、高等学校体育信息化趋势研究

信息技术的发展给高等学校体育带来了前所未有的激发力，为高等学校体育的发展提供了机遇。因此，我国高等学校体育要适应信息时代的发展，就必须在观念上和理论上有所创新，其研究重点要逐渐从信息技术对教学媒体和教学的刺激的关注向深入探讨高等学校体育信息化趋势的方向发展，要求我们要用开阔的视野、独到的眼光面对现代信息技术带给高等学校体育的发展机遇，推动我国高等学校体育信息化的健康发展。

（一）教学情景的虚拟化

体育教学情景是体育教学活动得以进行的场景，它直接影响着体育教学过程中学生认知的数量与质量。体育教学情景虚拟化意味着教学活动可以在很大程度上摆脱物理空间和时间上的限制，通过计算机仿真技术和多媒体技术可以使体育技术教学内容中涉及的技术动作模拟在学生面前，使得学生学习如身临其境，使其对所学的内容易于理解，还可以使学生对学习活动本身产生兴趣。利用网络还可以模拟体育教学环境，如果能够充分开发网络的虚拟教学功能，就可以做到虚拟体育教学与实在体育教学结合、校内教学与校外教学贯通。目前，体育教学在虚拟教学方面的技术和环境还不是很成熟，但这必将是高等学校体育信息化的发展趋势和方向。

总之，高等学校体育信息化趋势改变着传统的学习活动结构和形式，变革着学习行为方式和学习过程。信息技术对人类传统最普遍、最基本的学习方式和行为都具有变革的作用，这是一种学习方式的革命。信息技术与学习方式的整合，不是仅仅在学习方式上贴上“信息技术”的标签就能实现的，它客观地要求以先进的教学理念为基础，充分发挥信息技术的作用，体现信息技术在学生学习过程中的价值生成。通过这种革命式的整合，一种全新的学习文化逐步形成。

（二）信息技术环境下学习能力的培养

基于信息化的教学环境以其无限丰富的网络资源、多种媒体的强大表现力、虚拟现实和超媒体的技术手段都将有利于学生学习能力的培养。

1.丰富的网络信息资源为学习能力的培养提供了知识储备的条件

学习能力的培养必须建立在一定的知识储备和积累的条件下，而丰富的网络信息资源为此提供了便利的条件。高等学校体育信息化将使高等学校体育借助信息高速公路，把互联网变成可进行信息资源共享的理想场所。海量的电子图书馆、先进的图文检索和工具检索功能，各种电子教案和电子课件等教学辅助系统使人们可以在网络的知识海洋中畅游，方便、快捷地获取知识，扩大视野，开拓思路，从而激发创新能力产生，促进学习能力的提高。

2.多种媒体的组合是激发创新想象的手段之一

在信息化环境的教学中，信息的呈现形式是多媒体化的，图、文、声、像等多种媒体的各种教学信息有机地组合在一起，新颖、直观、形象、生动。多种媒体的组合，其强烈的表现力，使得人们从科学与艺术的相融中感知抽象，理解复杂；其丰富的表现手段，以多种媒体综合的形式给予我们视听的全新感受，全面刺激我们的各个感官，造成了震动、新奇的效果，从而打破了我们思维的樊笼，促使人们的思维高度活跃，极大地激发人们的想象力，引发创新的火花。

3.超媒体的网状结构系统有利于培养学生独特的学习个性

网络教育提供的由超文本、超媒体技术建立起来的网状结构系统使学生的思维脱离了传统教学中的线性思维模式，而是一种具有非线性网状结构的发散思维模式。在这个网状结构中，学生们可以根据自己的兴趣，依据不同的节点任意跳转，发挥想象，形成思接千里的发散思维，这就是创新思维的雏形。而这些节点就是一些重要的纲要信号，它们就是学生思维的启动脉冲，学生思维依靠这些信号进行发展，不断地唤起以往的经验和储存的信息，形成再造想象，并不断地激励其对未知问题的探寻，引导其产生新的思路和结构，从而培养出学生独特的学习个性，挖掘出其创造的潜力。

第三节　信息技术与体育教育专业课程的整合

教育信息化通过网络技术和计算机技术实现了人与人之间的远距离交互学习，使得大量丰富的教育资源能为全体学习者共享，打破了以学校教育为中心的教育体系，缩小了由于各地教育规模、教育水平和经济条件的差异造成的地区间教育差距，使得教育社会化、终身化、自主化，是实现建设学习型社会、构建终身教育体系、提高全体国民素质的有效途径。《全国教育事业第十个五年计划》提出：“要把教育信息化工程列入国家重点建设工程，以信息化带动教育现代化。”可见，教育信息化是推动体育教育走向现代化的基础和条件，是高等学校体育教育现代化的重要内容和主要标志，是教育现代化的必由之路。

高等教育体育教育专业的课程不同于普通高校的大学体育课，它是一类学科教育课程，培养对象是未来的体育教育工作者。与信息技术进行整合是体育教育专业课程为适应新时期对体育教育工作者的需求而进行改革的方向之一。

一、信息技术与体育教育专业课程整合的可行性

（一）符合当代教育发展的理念

信息技术与体育教育专业课程整合符合教育信息化的理念。面对21世纪信息化的浪潮，世界各国都在加强教育信息化，把教育信息化作为整个教育改革的突破口。如何迎接全球信息化给教育带来的机遇与挑战，已经成为教育领域的重大研究课题，加快教育信息化已成为共识。我国的《国家教育事业发展“十一五”规划纲要》也提出：“以教育信息化带动教育现代化。大力发展现代远程教育，建设覆盖全国城乡的现代远程教育网络。”“加快普及信息技术教育，全面提高教师和学生运用信息技术的能力，实现信息技术与教育教学的有机结合。”

信息容量大、传递速度快、自主性和选择性强、能提高学习效率和降低学习成本等，是人们最感兴趣的信息技术的教育应用功能。把获得的知识（信息）与获取信息的技术有机地结合起来，即教育内容与教育手段在教育过程中的完满结合，是信息技术应用于教育的最好方式。信息技术与课程整合就是符合这种理念的教学形式。信息技术与课程整合的教学形式有利于培养学生的信息素养，有利于提高学生的创新能力，有利于提高学生的协作能力。而这三种素质是新时期人才的基本素质。

（二）信息技术环境的支持

1.有形的信息技术环境

近年来，由专业人员制作的网络教学平台的出现，使网络课程的制作变得容易了。这是一整套提供基于校园网络教学服务的系统软件，它以网络课程为核心，在教学管理系统的支持下，合理有效地利用学科教学资源，为实施全方位的数字化教学提供服务，它将网络课程与学校的教学进行了有机的集成。网络教学平台不仅是先进计算机科学和技术水平的体现，更重要的是要符合教育的一般规律，能够为教育提供一个真正高效的现代化教育手段。在这个平台上，一般教师无需精通网络技术即可做出符合标准的网络课程。该平台提供了课程目录、专题学习网站、数字资源、精品课程和网络平台使用指南等子系统，在各子系统下展开了各自的功能板块。教师只需根据课程的教学目标和教学内容，准备一些相应

的材料，分别导入相应的板块即可。

2.无形的信息技术环境

无形的信息技术环境主要是指教师和学生的信息素质。信息素质也称为信息素养，是指信息意识、信息伦理道德和主动高效地获取信息与处理信息的能力，它是信息社会的公民必须具备的基本素质。

信息素质是实施信息技术与课程整合的基本保证。信息技术在教学系统中充当的是“媒体”和“联系”的角色，对于“教师”这个教学系统的要素来说，信息技术是工具，教师借助它将教学内容传递给学生，借助它与学生进行交流，借助它得到关于教学过程的反馈信息。因此，教师具备良好的信息素质，也是实施素质教育培养21世纪新型人才的根本保证。

随着信息技术的发展和不断渗透到社会生活的方方面面，加之对教师现代教育技术的培训（这是教师上岗的基本条件），与信息技术有关的各种概念逐渐深入体育教育专业教师，尤其是年轻一代教师的思想中，并且体现在日常生活和教学工作中。他们在教学实践中多多少少总会应用一些现代教育技术。

学生的信息素质直接决定了信息技术获取知识的认知工具的作用和效率。随着信息技术教育的普及和发展，以及整个社会的信息化进程的推进，当今大学生的信息素质已经较20世纪末的大学生提高了很多，一些最基本的信息素质在基础教育阶段就已经打下了基础。而且，许多学习和生活用品的数字化、智能化，尤其是网络的迅猛发展，对大学生信息素质的提高都起到了潜移默化的作用。例如，对于现在的大学生来说，“如何上网”已经不需要在课堂上学习了。可见，学生已经具备的信息素质为信息技术与体育教育专业的整合奠定了环境基础。

由于信息技术与课程整合的教学形式本身也具有培养信息素质的功效，所以，无论是教师还是学生，在信息技术与课程整合的教学形式下，其信息素质都会随着教学的进展而得到提高。

信息化的教育提倡以资源为中心的学习。随着社会的发展和通信水平的提高，特别是因特网的飞速壮大，信息的内容和总量都得到了极大的丰富，与课程相关的信息资源越来越丰富。这对学生和教师的信息素质要求日益明显。所以，在这种机遇与挑战面前，信息技术与体育教育专业课程的整合更具有可行性。

（三）师生主观态度的支持

许多关于信息技术与课程整合的研究针对学生对这种教学形式的态度进行了调查，虽然学生对所用的具体方法褒贬不一，但是大多数学生都对信息化的学习形式表示出较高的兴趣。

在现在的体育教育专业的教学中，无论是体育人文社会学类，还是术科的理论课，教师一般是借助多媒体课件作为教学辅助手段，这已经是司空见惯的现象了。更有许多运动技能的教学课，应用多媒体课件作为示范演示的手段。这些现象说明，多媒体技术已经成为教学的主要技术手段之一，信息技术在教学中的应用已经得到教师的认同。

（四）职业素质需求的需要

体育教育专业的培养目标是“本专业培养能胜任学校体育教育、教学、训练和竞赛工作，并能从事学校体育科学研究、学校体育管理及社会体育指导等工作的复合型体育教育人才”。在体育教育专业学习的学生大多数将成为各类学校的体育教学师资。因此，对于体育教育专业的学生来说，信息素质的培养是本专业课程的“潜目标”。信息技术与体育教育专业课程整合符合达到这个“潜目标”的需要，因为信息技术与课程整合的教学形式既需要学生的信息素质支持，又能够在教学过程中培养学生的信息素质。

二、信息技术与体育教育专业课程整合教学结构上的探索

（一）以学生为中心的教学结构

以学生为中心的教学结构强调主体在教学过程中的能动作用，强调知识是通过学生主动构建而掌握的，教师的作用是引导、答疑、解惑，帮助学生组建学习资源。信息技术的快速发展为这种教学结构的生存提供了基础条件。在信息技术与课程整合的教学形式下，这种教学结构才能够真正实现。

术科课程对于学生的先天素质有一定的要求，这是由体育运动的特点决定的。因为不同的体育运动项目对于学习者的基本要求也不一样。另外，各人对动作技能的理解和接受能力也有较大差异。正确理解动作的方法和要领，或者说动作方法和要领概念的掌握，不仅需要第二信号系统的参与，即通过听教师的讲解和看示范，建立一个“语言化”的表象，更需要各种本体感觉的参与，即通过本

体感受器对正确完成动作时关节和肢体在空间和时间上的位置和顺序、各肌群参与动作的顺序和用力的程度、整个身体和各局部与器械的时空关系等，结合第二信号系统建立的“语言化”的表象，形成正确动作方法和要领的概念。在整个动作方法和要领的学习过程中，学生的本体感觉起着很主要的作用。但是，事实是同一种本体感觉是因人而异的，本体感觉的差异可导致掌握动作方法和要领的速度和完整性方面出现差异。因此，对于具体项目的术科课程来说，学生的个体差异对教学效果影响更大。以学生为中心的教学结构，注重学生的个体差异，相比以教师为中心的教学结构能够更好地因材施教。这是这种教学结构在运动技能教学方面的主要优点。

但是这种教学结构由于过分强调学生的“学”，往往忽视教师主导作用的发挥，忽视师生之间的情感交流和情感因素在学习过程中的重要作用。而在体育教育专业的术科课程学习活动中，运动技能的学习伴有强烈的心理活动，容易导致学习情绪的变化，这时就特别需要教师察言观色，给予心理疏导。

另外，由于忽视教师主导作用，当学生自主学习的自由度过大时，还容易偏离教学目标的要求。在运动技能的初学阶段，很容易出现动作上的错误，但只要能够及时发现并采用适当的措施予以纠正，是很容易改正的。如果此时没有及时纠正，任其发展一段时间后再想纠正，就难于刚出现动作错误的时候了。尽早发现错误和及时纠正是防止这种现象出现的关键。而在动作错误出现的初期，学生自己往往是不知道出现了错误，因为此时之所以出现错误一般都是对正确的动作没有形成准确的表象，所以当然不会发现自己的动作已经出现了错误。此时，教师的作用就是不可替代的了，教师能够起到及时发现并纠正动作错误的作用。

（二）重视学教并重的教学结构

学生的个体差异对运动技能的学习效果的影响强调了区别对待的重要性，同时也确定了这类课程的教学活动采用以学生为中心教学结构的合理性，然而在运动技能形成过程中，教师的指导和帮助的重要性又让这类课程的教学活动少不了教师的参与。至此，为了解决这个矛盾我们自然就会想到“学教并重”教学结构。因为这种结构形式介于上述两种结构形式之间，它既不是以教师为中心，也不完全是以学生为中心，而是既发挥教师的主导作用又充分体现学生的认知主体作用。这应该是一种相对理想的教学结构。实际上，学教并重教学结构已经在体育教育专业的教学中得到了一定程度的应用。

（四）运用多种教学结构

在目前的教学大背景下，多种教学结构在体育教育专业的教学中并存是合理的。

（1）体育教育专业课程内容是由多种知识体系构成的综合体，包括认知性知识和操作性知识。这两类知识的学习活动各具特点，有不同的学习理论作为理论支撑。在体育教育专业主干课程教学中，以教师为中心、以学生为中心和学教并重三种教学结构各有其所用。对于体育人文社会学和运动人体科学等课程的教学，以学为主的方式较适合，因为这类课程知识的构建完全可以通过学生个人的自主学习、与其他同学的协作学习的方式形成；对于运动技能的学习，最好采用学教并重的教学结构。

（2）目前能够应用于教学中的信息技术手段还不多，主要是计算机技术和网络技术，仅依靠这些手段就要将信息技术与体育教育专业课程的整合推到一个很高的阶段是不现实的。例如，运动技能的教学中，目前要完全实现学生的自主学习就是不现实的，因为许多运动技能的概念还无法完全用语言来描述，这就给信息的数字化加工带来了困难。只能够通过模拟技术向数字化进行“模糊翻译”，而这种“模糊翻译”的正确率目前还没有达到满足学习需要的水平。但可以肯定地说，这个目标是完全能够实现的。科技进步的速度不是线性的，当人们对某个技术问题“恍然大悟”“茅塞顿开”时往往就会使整个领域突然前进一大步。半导体技术的发展对计算机技术的影响就是最典型的例子。

（3）教学结构的选择还受到教育管理体制的影响。在调查的精品课程中都提到了课时分配的问题，也就是说，课程的学习是有时间限制的。众所周知，学生的接受能力是不一样的，他们在掌握知识的进度上也不会是统一的。既然如此，课程学习的时间限制必然会限制教学方式。现行的常用的教学结构导致的种种学习方式都有它存在的理由。

三、体育场所信息化模式的探索

（一）多媒体教室

多媒体教室是指配有投影机，屏幕和由计算机、实物展台、扩音机等构成的主控台的教室。这是多媒体教室的基本配置，教师可以将预制好的各种CAI软件（文本、视频、三维动画、Flash等）投放到屏幕上进行演示；可以利用实物投影仪将实物的影像投放到屏幕上，便于更多的学生观看；更可以通过校园网将网络上的教学资源展现给学生。

目前这种教室在高校校园中十分普遍。近几年来，教育部进行本科教学水平评估，对教学硬件有一系列的基本要求（百名学生配多媒体教室和语音实验室座位数7个），各高校也据此增添了新的硬件设施，许多接受过评估的高校，特别是“211”高校，所有教室都配有最基本的多媒体设备，为教学手段创“数字化”提供了必要的条件，所以多媒体教室已经十分普及。

在体育教育专业的教学中，这种教室可以应用于体育人文社会学类课程、运动人体科学课程和术科的理论课教学。教室中的多媒体设备主要是用作教师教的辅助手段，即教师借助多媒体设备将教学内容传递给学生，因此，多媒体教室更适合于“以教师为中心”的教学结构。

（二）网络化计算机教室

这是指具有多台学生机和一台教师机，而且相互连接构成一个局域网的教室，其功能主要包括视听教学功能、实时监控功能、控制功能、分组管理功能、交互辅导功能等。广播教学包括屏幕广播、语音和集体讨论等多种形式，使教师将教师机或某台学生机屏幕显示的画面和语音同步播送给学生，可以全体广播也可以对部分学生广播。实时监控功能是指当学生自由练习或自由讨论时，教师可以不离开自己的座位，通过教师机来查看和控制学生的操作情况，从而采取某种手段（如黑屏、强行重启等）对教学过程加以监控。这类信息化教学系统利用计算机彻底改变了以往教学中黑板加粉笔的状况，大量多媒体教学信息得以方便地展示给学生，可以轻松实现集体授课、协作式学习、个别辅导、探索式学习等多种教学方式，学生在各种教学方式下都可以很方便地同教师进行沟通，利用软件解决方案容易实现与Web的无缝联接，可以大大地扩展教育信息的来源。

这种教室与多媒体教室一样，可以应用于体育人文社会学类课程和术科的理论课的教学，但比多媒体教室的功能更多。教室中的监控功能有利于发挥教师在课堂中的主导作用，让教师实时监控学生的学习行为，及时发现、纠正学生学习过程中的问题，特别适合个别化教学。教师作为引导者，通过对学生机的实时监控，可以掌握每个学生的学习进展情况，可以一对一地指导每个学生；每个学生都可以根据自己的特点进行自主学习，体现主体的主动性。所以说，这种教学环境不仅能够适用于“以教为中心”类的教学模式，而且更能够适用于“学教并重”类的教学模式。

（三）信息化的运动场馆

1.多媒体教学设备在运动场馆的应用

体育教育专业课程中需要在运动场上进行教学的活动很多，以往由于硬件技术的限制，多媒体设备一般都运用于固定场合，这就使得运动技能教学课中应用多媒体教学设备受到了限制。但是随着信息技术硬件设备的发展，这种限制正在逐渐减小。首先是笔记本电脑的“平民化”为在运动场上实现多媒体设备的应用降低了“门槛”。其次是近年来便携式投影机的普及更为实现体育场馆教学设备多媒体化扫清了障碍。由一台笔记本电脑、一台便携式投影机和一台数码摄像机即可构成的一套“便携式”多媒体教学设备。

2.各种传感探测技术在运动场馆中的应用

在运动场馆中应用传感技术可以提高器材设备和场地的教学功能，辅助教师和学生更好地完成教学任务。例如，在体操馆的双杠上贴上“应变片”，可以清楚地判断学生在完成练习时双臂的承重情况，而这些数据可以直观地帮助学生掌握技术动作。体育教育专业的各门术科课程的教学有一个突出的特点，即学生在学习过程中要承受一定程度的运动量。虽然教学中的运动量远不及竞技运动训练那么大，但是，教学对象的体能往往是参差不齐的，而且差距相当大。因此，在教学的过程中对学生的生理反应进行实时的监控也是十分重要的。可是，目前常用的监控方法一般都是仅仅凭教师的观察。在竞技体育的运动训练中监测运动员生理指标的手段已经相当普及了，这些手段当然可以应用在运动技能的教学中，例如，在田径课中应用心率遥测仪。

传感技术的应用本身也是体育教育专业的学习内容之一。因此，在教学场馆中的应用传感技术，同时还起到了教学的作用，也就是说起到了“教学”和“应用”双重作用。

3.网络技术在运动场馆中的应用

网络技术是信息技术的主要代表之一。各种网络学习平台是教学环境信息化的具体表现形式。网络学习环境有诸多优越性，资源丰富，能够实现资源共享，不受时空限制，因此可以为学习者提供终身学习的机会。只要在学习者有学习需要的时候，他们就可以利用相应的网络学习环境，选择需要学习的课程，在他们认为合适的时间和场合进行学习。从理论上来说，是真正能够实现“以学为中心”的教学环境。随着网络技术、多媒体技术的不断进步，网络学习理论的不断深入研究和拓展，网络学习的质量也在不断提高，为真正实现“以学为中心”创造了很好的外部条件。

校园无线网络的普及，使得实现“多媒体网络场馆”已经不是“纸上谈兵”了。例如，在以往最不易应用多媒体教学设备的室外运动场上（如田径场），用上述的“便携式”多媒体教学设备配上无线网卡，即可在场地上播放各种教学素材；利用一台带有无线网卡的笔记本和一架数码摄像机即可将运动场地上的现场实际情况传送到网上，供交流、协作、评价等教学活动使用。

第四节　信息技术在高校体育教学中的应用

21世纪是人类全面进入信息化社会的新世纪，以多媒体技术和网络技术为核心的现代信息技术已成为拓展人类能力的创造性工具。在体育教学改革的浪潮中，信息技术应用于体育教学已经成为最重要的话题。

一、信息技术在高校体育教学中应用的优势

在信息技术环境下，信息技术在体育教学中的应用意味着在已有的课程练习活动中结合使用信息技术，以便更好地完成课程目标，它是在课程教学过程中把信息技术、信息资源、信息方法、教师资源和课程内容有机结合，共同完成教学任务的一种新型教学方法。信息技术在体育教学中的应用强调信息技术要服务于课程；强调信息技术应用于教育；强调应当设法找出信息技术在哪些方面能增强学习者的锻炼效果，培养学生终身体育的思想，促进整体素质的提高，这是信

息技术在高校体育教学应用中所追求的目标。

信息技术环境下的教学内容和方式，融于体育课程教学过程中，能实现新的、更高的教学目标，达到最优的教学效果，其意义是非常深远的。

（一）改变传统的教学方式

教学中体育教师的动作讲解与示范可以通过课件直接播放给学生听与看，对于重点与难点进行反复慢放，并用特定的声音、图像显示，将教学内容的发展、变化的过程，用仿真化、模拟化、形象化、现实化的方式，在教学过程中逼真地展现出来，突破了时间和空间的限制，突出重点与难点，让学生直观、主动、立体、全面地掌握动作，提高教学效果。可见，现代信息技术在体育教学中适时应用，不仅使学生学到了知识，缩短了认知的过程，而且还加深了对所学技术动作的理解、记忆和掌握，培养了他们的主动思维、观察学习的能力，实现教学过程的优化，提高了体育课的教学效率，充分发挥“教师为主导、学生为主体”的教学结构。

（二）激发学生学习兴趣，调动学生积极性

以往体育课教学由教师边讲边示范，学生已经对这种教学模式感觉枯燥无味，而运用多媒体教学就截然不同。学生面对的是一台电脑，这里边有一个神奇的世界，集文字、声音、图片、视频等于一体的多媒体技术，具有形式新颖、形象生动、资源丰富、情景交融等特点，远远超出了体育教师的讲解与示范。授课时学生会精神百倍、劲头十足、兴致盎然，这不仅活跃了课堂气氛，激发了学生浓厚的学习兴趣，而且大大调动了学生主动参与的积极性。这种生动活泼的教学方式，克服了以前只依靠语言、示范等进行教学的常态，营造了良好的教学环境，促进学生素质、能力的全面提高。

（三）有利于多种教学模式的实施

教学模式是在一定的教学思想、教学理论指导下，在丰富的教学实践基础上归纳出为完成特定的教学目标和教学任务所形成的稳定而简明的教学结构理论框架，以及具体可操作的教学实践活动程序和方式。当今信息技术具有自主学习、主动探索、合作交流等优势，通过多媒体和网络技术，可使各种教学模式高质量地实施。现代教学理念强调以学生为中心，充分发挥学生的特长，传统的教

学模式没有注重学生的特长，统一教授；体育教学模式要求能调动学生学习的兴趣，要求教师在教学中，让学生经过努力，可以达到预期效果，并产生愉快的情感经验，满足需要，以激发学生积极参加体育活动的兴趣，并发展自己的专长。现代教育已经形成了一个新的教育模式：传授知识—培养能力—培养创新能力。

（四）有利于克服教师自身局限，提高教学效果

体育教师随着年龄的增长，做示范的能力也变成有心无力，对一些难以示范、技术性强的动作进行回避，如在体育教材中有很多腾空、高速、翻转等高难技术动作，学生很难在教师示范教学过程中把这些瞬间完成的动作看清楚，也就很难在自己的脑海中快速建立一个完整的动作表象。然而引入多媒体课件就可以弥补教师的自身缺点或者条件的限制，从而为学生的全面发展打下扎实的基础。

当然，任何事物、技术都是一分为二的，有可取的地方，也有不足之处。我们在进行网球教学实验中，发现其同样存在着明显的不足之处。任何一间机房、多媒体教室，它的空间是有限的，这样就不会有足够的让学生活动的空间。而体育课堂实践教学需要充分的实际练习空间和时间，学生通过反复练习、模仿，才能形成技术、发展能力。

二、信息技术在高校体育教学应用中的基本条件

信息技术环境下的体育教学提倡以资源为中心的学习。随着社会的发展和通信水平的提高，特别是互联网的高速发展，信息的内容和总量都得到了极大的丰富。体育教学相关的信息资源可以通过搜索引擎很容易地找到，但同时对信息的组织、存储、加工、检索、表达、使用要求日益提升。这种供需矛盾以及由于计算机技术、网络技术的应用普及是信息技术在高校体育教学中的应用所具备的基本条件。

（一）信息技术条件

将信息技术融入体育教学中，必须要有一定的信息技术环境作为保障，才能给信息技术在高校体育教学中的应用提供坚实的物质基础。这样的环境有两个层面的内容，一是要有一定数量和质量的软硬件设施，二是要有信息技术教育的氛围。随着各学校校园网的建立和多媒体技术的快速发展和广泛应用，为学校广大师生提供了使用信息技术的机会，互联网上体育教学资源和教学软件的逐渐丰

富，使得信息技术在体育教学中的应用变得可能。

优质、丰富、适应体育教学改革需要的教学资源是当前加速体育教学改革的核心，也是信息技术在高校体育教学中应用的基本条件。如果没有丰富的、能满足体育教学与学习过程的多样化、社会化要求的教学资源，以及适应当今社会信息技术发展需要的网络资源，信息技术在体育教学改革中就无法普及和应用。而当前教学资源，不管是内容还是形式，都难以适应课程教材改革的需要。目前许多高校都进行一系列体育教学模式的改革与创新，如“俱乐部型”“一体化型”等，它们都对体育教学的改革发挥了一定的作用。但我们广大体育教师在多年的体育教学实践中，已形成了一套符合自己特征和习惯的教学模式，虽然能使体育课堂教学顺利进行，却依然注重以教师为中心，片面强调教师的主导作用，忽视学生的主体地位，没有真正体现当代体育教学所要求的“以人为本”的教学理念。

为了改变这一传统观念，将信息技术引入高校体育教学课堂，使体育教学软件开发和体育教学资源建设符合教育信息化要求，我们认为：

第一是要有明确的目的性。21世纪的体育教学应该从社会发展对学生体育素养的要求，以及体育教学的功能出发，确立以“终身体育”“求知创新”和“健康第一”思想为指导，以体育课程整体改革为中心，课内外一体化为基础，多种教学模式并存的走向，来激发学生学习的积极性和创造性。

第二是要突出适用性。教学软件的研制和开发应突出学校体育的特性，符合学生身心发展的特点，即学习注重健身性、文化性、娱乐性、知识性、实用性的特点，并充分满足他们的需求和渴望，使体育基本知识的掌握为学生追求体育文化的要求服务，使健身原理和方法的掌握为学生自主设计、自主锻炼、自主评价服务，使体育教学的目标具有个性，使学生不仅掌握体育知识、技术，还要发展技能。

第三是要具有前瞻性。信息技术突飞猛进，体育教学改革的逐步深入，如果教育观念还停留在以教师为中心的注入式的传统教学模式中，就难以培养学生自主获取、处理和加工信息的能力。开发优秀的体育教学资源，不但要体现教育思想和教育理念的先进性，而且在内容上要能推进体育教学改革发展的需求，并能激发学生学习的兴趣，提高学生学习的主动性和积极性。

第四是要全面支持信息技术在体育教学中的应用。优秀的体育教学资源不仅是应用于课堂教学的先进工具，更能为丰富体育教学手段提供便利的条件。构建生动、科学、多向互动的教学环境，使教师能创造性地教，学生能探究性地学，帮助学生掌握尽可能多的自己喜欢的体育知识、技术技能和原理方法，以及自我探索的学习能力，使其建立终身体育意识。

（二）学生主观愿望

相关调查结果显示，肯定信息技术意义的学生平均高达91.3%，这表明学生在主观愿望上已经具备信息需要的意识，从而为信息技术在体育教学的应用奠定了主体基础。

三、信息技术在高校体育教学中应用的策略

（一）加强师资培训

广大体育教师的信息技术培训工作需要各级体育行政部门、学校和教师培训机构的共同努力。我们的领导不仅要以身作则，而且要认识到信息技术应用于体育教育是全面贯彻《中共中央国务院关于深化体育改革，全面推进素质教育的决定》和《学校体育工作条例》的重要举措。在实际工作中，首先，要通过教育和宣传的手段，努力创设氛围，使广大体育教师认识到掌握信息技术的重要性；其次，要制定相应的政策与措施，鼓励和督促教师学习和应用信息技术；再次，要增加基础设备，为满足教师的信息技术需求创造良好的物质条件。

学校及体育学院（部、系）应根据自己的具体需求制定教师培训的具体规划和方案，在实施方法上可采取全员培训和核心培训两种不同的模式。全员培训模式指的是对全体体育教师实施教育信息技术的整体培训，我们可以培训计算机、网络基础应用知识。核心培训模式，即首先培养一批骨干教师，开展信息技术应用于体育教学的尝试，然后再“以点带面”，逐渐影响更多的教师，使他们参与进来，在体育教学中更多地使用信息技术。从目前体育教师的现状来看，我们认为采用核心培训模式是可行的，因为从心理学角度上看，骨干教师的典范作用会使其他教师产生一种压力和危机感，为了平衡这种压力和危机感，他们的主观能动性将被调动，会自觉地加入到信息技术学习进程中来。

（二）加强资源库建设

1.成立专门的机构统一协调管理

体育教学资源库建设是实现资源共享的主要手段，也是适应信息时代体育教学改革发展的需要，为了避免重复建设，造成资源浪费，国家、省级教育部门应统一规划，同时应按《现代远程教育资源建设技术规范》进行设计制作，使各高校之间能够互相调用资源，达到资源的高度共享。

2.强调实用性，兼顾先进性

各高校要本着实事求是的原则，量力而行。各高校应根据自己学校的实际情况和专业特色建立资源库，同时要有前瞻性的考虑，体育资源库建设要有一定的先进性。

3.要长期发展，走滚雪球持续发展的道路

高校在建立资源库的过程中要统筹规划、分步实施，要像滚雪球一样，走一条持续发展的道路。体育教学资源的积累是一个长期的过程，要组织专业人员和广大教师大量开发引进资源，丰富资源库的建设；同时要全力扩大用户群，使尽可能多的教师和学生经常使用，并参与资源库的应用开发，不断完善资源库。

（三）加强校园网络硬件建设

继续加强校园网络基础设施建设，逐步提高互联网普及水平，缩小数字鸿沟。技术先进、功能完善的网络基础设施，是发展互联网，推进信息技术在体育应用的物质基础。目前信息技术发展的速度非常快，技术融合、业务融合、网络融合的趋势日益明显。我们要加强对技术、业务和网络引进趋势的研究和探讨。优化网络结构，提高网络性能，构建适应大学生信息需求的体育信息网络平台，同时建立必要的机制，缩小体育和各学科、各人群之间的差异，促进高校体育教学改革。

第四章　体育微格教学与高等体育教育

教育要现代化，作为教育重要组成部分的体育教育也必须实现自身的现代化。微格教学的产生适应了这一理念的发展，自提出后逐渐推广到世界各地。这种利用现代化教学手段，在短期内迅速、有效地提高师范生教学技能的教学方法得到了各国教育界的普遍认可。在作为教学的重要组成部分体育教学中，微格教学以它独有的特点得到了大力推广。

第一节　微格教学概述

一、微格教学的含义

微格教学来自英文Microteaching，可译为“微型教学”“微观教学”“小型教学”等，国内称之为“微格教学”，是一种利用现代教学技术手段来培训教师教学技能的教学方法。通常，让参加培训的学员（师范生或在职教师）分成若干小组，在导师的理论指导下，对一小组学生进行10分钟左右的“微格教学”，并当场将实况摄录下来。然后在指导教师引导下，组织小组成员一起反复观看录制成的视听材料，同时进行讨论和评议，最后由导师进行小结。让所有学员轮流进行多次微格教学训练，使师范生或在职教师的教学技能、技巧有所提高，提高教师的整体素质。

微型教学的创始人，美国斯坦福大学的爱伦教授将它定义为：它是一种缩小了的可控制的教学环境，它使准备成为或已经是教师的人有可能集中掌握某一特定的教学技能和教学内容。其实，微格教学就是通过“讲课—观摩—分析—评价”的方法，借助音视频记录装置和实验室的教学练习，对需要掌握的知识、技能进行选择性的模拟，使师范生及在职教师的各种教学行为的训练可被观察、分析和评价。

结合我国实际，可定义为：微格教学是一个有目的、有控制的实践系统。它使师范生和教师能集中解决某一特定的教学行为，或在有控制的条件下进行学习。它是建立在教育教学理论、视听理论和教学技术基础上，系统训练教师教学技能的方法。

二、微格教学的产生与发展

（一）微格教学的产生

微格教学是美国教育改革的产物，1958年美国开始了全国性的大规模教育改革，它涉及课程设置、教育结构、教师培训、教学方法、教学管理和评价等各教育领域。作为教育改革的一个方面，教师培训的教学方法改革显得十分活跃，他们改革传统的教学方法，对教师或师范生进行科学化的培训，旨在使受培训者尽快地成为“更好一些”的教师。斯坦福大学的研究人员在对“角色扮演”（相当于我国师范生教育实习前的试讲）进行改造和研究中，认识到在教学中教师对学生的影响与教师的素质是密切相关的，即与教师的教学技能有十分重要的关系。因此，他们认为师范教育的重点应放在如何使教师（或师范生）掌握教学技能上，并明确提出了对教学行为要有分析和反馈，以便增强培训效果；对教学技能要有系统和科学的分类，以便明确培训目的和进行评价；对每一种技能都要进行严格训练，以便受培训者熟练掌握各种教学技能。只有这样才能使受培训者掌握综合教学技能，并形成各种风格的生动教学。这样，微格教学便产生了。

（二）微格教学的发展

微格教学自1963年提出后，很快推广到世界各地。美国及欧洲国家的教学人员和师范生对这种教学训练方法是一致推许的。在英国，为了帮助师范生掌握在教学过程中可能发生的问题的处理方法，了解有关人类交流的主要沟通因素并进行分析、训练他们在课堂上如何与学生交流的方法，促进反馈评价，便在四年的教育学士课程内安排了微格教学。当他们训练完之后，再到各中学进行教育实习，作综合教学技能的训练。随后，亚洲的许多国家和地区也开始了微格教学的研究工作。近些年，我国的师范教育院校也进行了微格教学的研究，取得了一些满意的效果。全国各师范院校都陆续建立起了微格教学实验室，并将微格教学列为学生的必修课。成立全国微格教学研究会，开展课题研究和教学经验交流活动。

随着微格教学在我国的广泛传播和普及，各级政府对微格教学的投入正逐渐增加。目前，拥有微格教学设施、开设微格教学课程的师范院校已经越来越多。可以说，微格教学已经传播到了我国的边远和少数民族地区。这种发展势头的确令人欣喜。然而，绝不能仅仅满足于投入的增加。按照微格教学精致化的要求，越是在投入增加的情况下，越应当注重经费、设施的科学合理使用。

三、微格教学的特点

微格教学被广泛地应用于师范生或在职教师的培训以来，以较显著的培训效果受到了世界范围内同行的好评。许多国家已将微格教学列入师范生的必修课程，并规定该课程考核不合格的学生，没有资格进行教育实习活动。微格教学之所以受到如此重视并能够取得显著的培训效果，这与它自身存在的特点是分不开的。研究和实践证明，微格教学具有以下特点：

（一）理论联系实际

教育学、心理学、教育心理学、学习心理学、体育理论、体育教学法、教学论等为微格教学及实践活动提供了科学的理论指导。微格教学中的教案编写、教学实践、反馈和评价、修改教案后重新进行教学实践等一系列的活动，使教育教学理论能够得到具体的贯彻和体现。理论与实践的紧密结合，激发了师范生对教学法课程的学习兴趣，提高了师范生学习教法、钻研教法、掌握教法的主动性、积极性和自觉性。

（二）目标明确

微格教学将教学过程分解为不同的教学技能后，再将它们放大分别加以训练。因此，被培训者在对某种教学技能训练的时候，对训练要达到的目标非常清楚。微格教学的每一次实践活动所用的时间相对较短，参与的人数不多，且训练的教学技能明确、具体、集中，这样有利于被培训者集中精力学习和实践特定的教学技能，检查和评估该教学技能是否掌握以及掌握的程度。微格教学的实践活动是在严格控制的环境之下进行的，这也为师范生实现培训目标创造了良好的外部条件。目标集中明确，还能够增强被培训者的信心，并且容易通过训练而达到预期目标。

（三）施教真实

虽然微格教学课的时间很短，授课教师面对几位学生的扮演者授课，但这种方法不失为在真实的课堂上进行的教学。微格教学贯穿于正常状态下教学活动的全过程。授课教师要根据被培训技能选择适宜的教学内容，确定明确的教学目标和任务，收集教材，编写教案，准备教具和设计选择教学手段等，在这些方面授课教师都可真实地施教。

（四）重点突出

不同教学技能都有明确具体的要求，师范生可以通过文字、录像、教师的示范等途径来学习和实践这些要求，获取直接经验，在微格教学课中加以明确具体的应用。这样就能够突出重点，以便于在课后对自己的表现认真地观察和分析，找出问题和不足并提出改进的方案。这样的训练方法针对性强，反馈是生动准确的，对师范生教学行为的认识与改变也是深刻的。

（五）内容集中

微格教学要求被培训者在规定的时间内练习一两项特定的教学技能，并将这些教学技能的细节加以放大，反复练习，再做细致的观察，并针对这一两项教学技能实际的运用情况进行深入的分析讨论和诊断性的评价。这种集中对某一教学技能的练习和讨论研究，更容易收到技能训练的预期效果。

（六）容易控制

利用微格教学形式对教学技能进行有目的的训练，减少了教学场景中的可变因素，使教师在有控制的条件下，将自己准备好的教学方法、手段及教学技能充分地、按预定的方案进行全面地贯彻实施。在正常的体育教学课中，由于受很多可变因素的影响，如学生的出勤情况、见习人数的多少、组织纪律、学生的情绪、对教学内容的喜爱程度、气候条件等，教师的教学计划、施教方略不可能完全按教案执行。而微格教学则可将这些可变因素、管理因素大大减少，使教学过程能够按预定计划顺利完成，实现教学技能培训的目标。

（七）反馈及时

反馈信息的质与量是改变人们行为的关键。微格教学录像及指导教师和所有参加者所提供的反馈信息，为教学技能的研究提供了鲜活的现场资料，使反馈信息具有“全息”性、准确性和及时性。受训者通过接收反馈信息，使自己教学技能的优缺点历历在目，声声入耳，产生“镜像效应”。

每一节微格教学课结束后，被培训者都可以通过记录单、评价单、录音、录像等及时得到授课情况的反馈，对自己的授课表现进行自我分析或相互分析，找出教学中存在的优点和不足。在与指导教师和其他同事、同学的讨论中，被培训者还可以获得更广泛的提高和改进的意见。如果需要还可以把有争议的教学片段进行重放，进行更加深入仔细的分析与讨论。

（八）自我教育

研究表明，通过录像直观地获得自己教学行为的信息，对改进和提高自己的教学行为最为有效。在微格教学中，现场录像为被培训者获得这一信息提供了可能。被培训者通过观看自己的教学活动，最容易发现和找到需要改进的地方，被培训者自己认识到教学中的不足之处也最容易得到改正。

（九）压力小有安全感

在微格教学的过程中，师范生或在职教师不会有太大的心理压力。如果试教不成功不会对学生的扮演者产生任何不良的影响，也不必为影响学校的正常教学而担心。这种训练为师范生将来的从教活动打下了基础，增强了他们的信心，减轻了他们在为来教学中的心理压力。由于上述原因，无论是有经验或无经验的被培训人员，采用微格教学方法接受教学技能培训，都会比传统的方法安全得多，被培训者可以从容地进行各种教学方法、教学技能的练习。

（十）集思广益

微格教学多为分组进行，是一种带有研讨性、观摩性和交流的集体活动。小组成员要互相听课，互相评价。因此，它既有自觉改进教学、自己教育自己的功能，也有互相帮助、充分发挥集体智慧的作用。在微格教学中，集体的智慧始终贯穿于备课、授课、观摩、讨论和评价等各个环节之中。

四、微格教学的理论基础

微格教学是利用现代教育技术培训教师教学技能的一种有效方法，在沟通教学理论与教学实践方面起到了不可替代的中介作用，因此，在国内外各种技能的培训中被广泛运用。在我国，由于长期以来受行为主义的影响，把课堂教学技能的训练视为一个具体教学行为的训练与修正过程，使技能的掌握难以超越经验模仿的范畴，微格教学的训练效果并不尽如人意。建构主义学习理论的提出，对建立在行为主义教学理论基础上的传统教学模式产生了极大的冲击与影响。

（一）行为主义学习理论与微格教学模式

经过几十年理论和实践的发展，微格教学过程已经形成较全面、较科学的模式，在各种技能的培训中发挥了重要的作用。但是，微格教学作为提高教学技能的一种体系化的教学模式，是一个非常复杂的变化过程，而用来指导微格教学的各种学习理论又各有其利弊，因此，微格教学模式的形成又是一个不断完善，使其更趋合理化、科学化的过程。

20世纪90年代以前，行为主义学习理论统治着我国各式各类教学活动，同样，也影响了微格教学过程。行为主义学派主张心理学只研究外显行为，反对研究意识和内部心理过程。他们把个体行为归结为个体适应外部环境的反应系统，即所谓的“刺激—反应”系统，学习的起因被认为是对外部刺激的反应，但是他们不关心刺激所引起的内部心理过程，认为学习与内部心理过程无关，只要控制刺激就能控制行为和预测行为，从而也就能控制和预测学习效果。

在行为主义学习理论的影响下，课堂教学技能训练强调了指导教师的作用，这便于指导教师组织、监控整个教学技能训练过程，便于指导教师与受训者之间的情感交流，这样有利于优秀教师课堂教学经验的传授和反馈的进行，并能充分考虑情感因素在整个训练过程中的重要作用。但是，这种训练模式也存在着严重的弊病，即忽视了人类学习过程中的认知规律，忽视了受训者的认知主体作用，把受训者当作外部刺激的接受器、教师优秀教学经验的存储器。因此，教学技能的训练主要局限于经验模仿的范畴，造成在复杂的教学情景中，课堂教学技能的迁移水平受到相当程度的限制，极大地影响了微格教学的训练效果。

（二）建构主义学习理论对微格教学的指导

在各种学习理论的指导下，无论是理论还是实践方面，微格教学都有较大的发展。从其模式来看，微格教学在其发展的过程中，建构主义学习理论起到了一定的作用。以建构主义学习理论指导微格教学实施过程时，应该注意以下几个方面。

1.注重理论学习和研究

微格教学模式第一步骤就是理论学习和研究，但在实际操作中往往处于很次要的地位，没有引起足够的重视，并常常被认为是可有可无而被忽略。在微格教学的过程中，应使训练者明确学习课堂教学技能的目的和意义，了解课堂教学技能在教师教学能力中的地位和作用，理解各种课堂教学技能的知识结构，相关的教育教学理论和学科专业知识，典型的行为要素、特征和教学功能，熟悉每种技能的不同类型、执行程序、注意要点等，这样才能形成课堂教学技能训练的知识表征系统，在逐步完善的基础上形成教学技能的图式，有利于同化和顺应的实现及知识意义的建构，促进学习的迁移。

2.注重角色扮演理论在教学中的应用

角色扮演是一种模拟真实故事情境的教学活动。在这场活动中，教师不仅是学生学习的组织者、引导者，也是学生的合作者。教师要根据教学内容和教学情境的不同有意识地、恰当地扮演多重角色并让学生扮演某些角色。

师生通过在活动中扮演某个不同人物角色，可以准确地把在那一情境下可能发生的事情用语言和动作表达出来。这不仅使课堂教学变得生动、有趣，更能在实现教学目标的前提下提高教学效果，对于师生间的情感交流、学生的身心发展和教育教学质量的提高都有着重要的影响。

角色扮演理论对于教师提高教学效果具有参考价值。但是，在教学中是否采用角色扮演技能教学要根据教学目标、教学内容、学生特点等众多因素来考虑。只有真正地做到角色扮演，才能使学生成为课堂教学的主角，才能达到预期的效果。

3.有效利用及正确对待优秀教学专家的教学经验

为避免对所提供教学的专家教学示范的机械模仿，应研究和外化专家的教学操作经验。通过观摩和分析，学习和理解专家进行教学决策的心理活动程序和要点，了解其教学行为执行的心理动作模式图式，使学生的心理模仿和训练有据可依，并形成初步的教学决策能力。

（三）人本主义学习理论

人本主义学习理论认为，教师面对的学生首先是一个个活生生的人，他们具有独立的人格，是有主观能动性的个体。每个学生都有独立学习的潜能，教育要以学生的发展为本，突出学生的主体地位，还要主张学生和教育者分享控制权，学习内容符合学生的需要，强调以学生为中心的教学方法。该理论还强调要尊重学习者的学习兴趣和爱好，尊重其自我实现的需要。在学习过程中，教师必须担当起学习的促进者、鼓励者或学习者帮手的角色，并发挥积极的作用。

因此，在教学技能的训练过程中，教育者要尽可能提供各种学习资源，营造和谐的、便于交流的学习环境，通过对学生潜能的开发，让学生学会和驾驭生活，并促使其个性得以完善。

第二节　体育微格教学技能的掌握

体育微格教学需要掌握的技能有很多，本节首先对教学技能的含义和分类原则进行讲述，然后对体育微格教学中需要掌握的语言表达技能和讲解技能两个方面进行具体的讨论。

一、教学技能概述

（一）教学技能的含义

教学既是一门科学又是一门艺术。而教学中的科学与艺术又是建立在教师广博的专业知识和娴熟的教学技能基础之上的。教师如果没有广博深厚的专业基础知识，教学只能是照本宣科地生搬硬套；同样没有熟练的教学技能，也就谈不上教学艺术，更不能把课上得生动活泼，有效地促进学生的学习。要使教师能够有效地组织课堂教学，就必须将构成教师课堂教学行为的要素进行分解，并单独地进行培养和训练。研究表明，教师的课堂教学行为不但能够被分解为不同的教学技能，而且还能够通过对每一项技能的学习和训练所获得，通过反馈和评价得到不断的改进和提高。在微格教学的研究中，盖奇指出："教学研究的全盘宏观方法已遭失败，因而教育家应采用科学家剖析微分子的方法来作为理解复杂教学现象的手段。"于是他又提出了两个问题，即如何分析课堂教学中教师的教学行为和行为的反馈。在分析课堂教学中教师的教学行为方面，提出了教学技能的分类方法。通过对师范生或在职教师具体教学技能的训练，来达到提高教学能力的目的。在进行教学行为反馈方面，利用现代视听设备进行全面真实的反馈，通过反馈使他们的教学技能不断地得到改进与提高。当每项教学技能都掌握了以后，再把它们综合起来，形成教师课堂教学的综合能力。

技能就是人们通过练习而获得的控制动作、执行一定活动的方式。

教学技能则是指在课堂教学过程中，教师完成某种教学任务所采用的一系列的行为方式。关于什么是教学技能还有多种解释。莫里逊和马尼亚在过去的研究基础上对教学技能做了如下定义：为了达到教学上规定的某些目标所采取的一种极为常用的、一般认为是有效果的教学活动方式。它是教师针对课堂的适当场面做出的自觉反应。

通常人们所说的教学能力是顺利完成教学任务的个性心理特征，而教学技能则是完成教学任务的行为方式。"教学技能"一词比"教学能力"更具体，有其确切的涵义。教学技能是可描述、可观察、可训练的具体教学行为。同时，每一种教学技能又具有被分解成不同构成要素的特点。教学技能在教学过程中灵活合理地运用，可以激发学生的学习兴趣和动机、引导学生更好地理解学习任务、为达到既定的教学目标创造有利的条件。因此，教学技能是从事教师工作的职业技能，同医生、演员、律师的专业技能一样，是每一位合格的教师必须掌握的。

微格教学的开创者们提出了一个基本的想法，那就是将教学活动划分为若干教学技能，给实习生指出一个明确的观察教学技能的方向。这样，在观摩教学课时就有可能使他们掌握更多的教学技能。沿着这条线索，为了有效地对教学技能加以分析、研究和掌握，他们又开始了有步骤、有计划的对教学技能的开发和训练。最初开发的技能叫"精神诱导技能"，进而又开发出"强化技能""探索式提问技能"等。教学技能的特点是有明确的含义，能够被广大教师操作和利用，能够被观察和测量，能促进师生间和谐的相互作用，符合教学的规律和原则。

（二）教学技能分类的原则

1.主导性原则

教学是一种计划性强、目标明确的活动。为了达到教学目标，教师的每一种教学行为都应有具体的目标指向。教学技能是教师的教学行为方式，它的应用是为实现教学目标服务的。在确定教学技能前，首先需要考虑三个问题：教师的某种教学行为，为学生提供了什么信息，准备让学生学习什么？教师的这种教学行为能否促进学生的学习或教会他们怎样学习？这种教学行为是否是影响教学质量的重要因素，对提高教学质量是否具有重要的作用。如果对这三个问题的回答是肯定的，这些教学行为在教学中就有重要的意义，就可被确定为教学技能。实践和应用这些教学技能，就会在现实的教学中发挥积极有效的作用。因此，所确定的教学技能必须是影响体育课教学质量重要方面的教学行为，它必须符合教学原则，并被广大体育教师长期的教学实践所证实。

2.交流性原则

教学是师生间定向的双边活动过程，是师生间相互作用、交流信息的过程。教学技能的确定要有利于课堂上师生间的相互交流，促进学生思维活动的发生和发展。影响学生主动积极学习的因素很多，有学生的内部因素，也有教师为之创造的外部条件。确定教学技能就要看它是否能为学生创造一个良好的学习情境，使学生从愿意学习发展到自觉主动地学习。因此，所确定的教学技能应是促进师生课堂交流的重要手段，它有利于促进师生间的相互作用和互相交流，对完善教学过程有积极的促进作用。

3.可操作性原则

为了便于被培训者的理解和掌握，便于指导教师、被培训者和研究者之间的相互交流，每项教学技能必须有确定的内涵和外延，揭示教学技能的本质及其适用范围。这就要求确定的每项教学技能要有明确的构成要素并且是具体的教学行为方式。只有教学技能的构成要素明确具体，教学技能才具有较强的可操作性，教学技能的学习和应用才可能更规范。

4.可测量性原则

用微格教学的方法培训师范生或在职教师的教学技能之所以有效，一个重要的方面就在于反馈的准确、及时和具体。对于被培训者反馈回来的教学信息如何衡量呢？首先要对每一项教学技能提出明确具体的要求或应用原则，使被培训者在应用某一技能时都有一个参照体系。被培训者只要把自己的教学技能实践活动与这个参照体系或要求相对照，就能够发现成功与不足。因此，所确定的教学技能在体育课教学中应是能够被测量的教学行为。测量是评价的基础，只有确定的教学技能能够被测量出来，该教学技能才可能被评价。可测量的教学技能在训练时才能够确定出明确的训练目标、制定出准确的评估标准并对训练效果进行评价。这样的教学技能才能运用到微格教学训练的实践中去，才能够给被培训者提供准确的反馈，以便进一步改进与提高，真正地为教学实践服务。

二、体育微格教学的语言表达技能

（一）语言表达技能的含义

语言表达技能是教师传递信息、提供指导的语言行为方式。语言表达技能并不独立存在于教学之中，但它是一切教学活动的最基本的行为。

体育教学绝不应仅被理解为单纯的身体活动，它是充满语言艺术的一种教育活动。体育教师是体育课堂教学的组织者、引导者，其教学的语言表达技能直接影响着教学效果。在体育教学中，教师讲授的内容是否能被学生所理解，主要是教师使用的语言能不能被学生所理解和接受。只有通俗易懂、生动形象的语言才能打开学生心灵的天窗，充分调动学生的积极思维，引导学生掌握知识，发展他们的智力。从学生学习掌握体育的运动技术和技能来说，教师的语言也有重要的作用。因为任何一种技能的教学，都需要教师既做示范表演，又要对这一技术动作进行说明和解释。当学生自己按教师的要求进行练习时，教师也要借助于语言进行必要的指导，而学生在学习这一技术动作时，总是要通过对教师语言的感知、调动记忆表象、在积极思维的情况下练习动作。另外，教师在传授体育知识、技术和技能的过程中，不仅要向学生揭示客观事物的内在联系，而且还要结合教学内容，通过语言对学生进行思想品德教育。由于语言在“信息”传递上具有准确、方便、概括、明了的特点，所以在体育教学中充分发展语言的作用，对学生掌握运动技术、技能、纠正错误，提高教学效果都具有重要的作用。因此，体育教师的语言艺术应始终渗透到教学的各个环节中去，达到全面提高体育课教学质量的目的。

（二）运用语言表达技能需要注意的问题

体育教师运用语言的能力之所以重要，是因为知识能掌握，一般都应获得明确的语言形式。也就是说，学生练习的目的、运动的方法手段和运动的结果都是借助语言来实现的。如果说学生在练习过程中，只能模仿教师的示范，而不能正确地表述自己所做的动作，那就说明他还没有获得关于动作的清晰表象，他也就不可能真正学好动作。只有把生动的直观与明确的语言结合起来，才能使学生获得明确的感知和动作表象，从而建立运动条件反射，巩固动力定型。体育教师运用语言不仅要把体育的知识、动作方法、动作要领表达清楚，而且还应具有较强的启发性、鼓动性、夸张性和趣味性。体育教师在训练和运用语言时，应注意下列几个方面。

1.准确简洁

体育教师如何运用准确简洁的语言，将诸多的知识信息按照一定的顺序、层次、条理输送给学生是十分重要的。教师在运用语言时，要经过反复地、仔细地推敲，词语要经过慎重地选择，力求做到重点突出，条理分明，由易到难，由浅入深。绝不允许颠三倒四，啰嗦重复，力戒废话和语病。由于体育教学是以身体练习为主的教学形式，为了完成教学任务，教师不可能也不允许长篇大论，滔滔不绝地讲个没完，尤其在学生练习时，更不宜经常中断练习停下来让学生听讲。所以体育教师的教学语言就要力求准确简洁。

2.生动形象

教学语言只是精练通畅、简洁明白还不够，还应具有生动性和形象性。即简明活泼、具体形象、逼真有趣、简明易懂、深入浅出。生动形象是语言艺术性的主要特征，也是语言直观作用的要求。因此，这就要求教师首先要善于巧妙地运用语言艺术，要能引人入胜，要善于联系实际，恰当举例，把深奥的事理形象化，由近及远，由具体到抽象，把技术动作的概念、要领和过程变成生动形象的语言，引起学生丰富的联想和深入思考，使学生从感性认识上升到理性认识。

为了使体育课上得生龙活虎，朝气蓬勃，表现出体育运动的特点，充分调动学生的主观能力性和积极性，体育教师在教学过程中要通过生动形象的语言刺激，激发学生的再造想象和创造想象。通过生动形象的语言使学生对未见未闻的东西产生感性认识，在头脑中建立生动的运动表象，这对学生掌握运动技术动作、完成教学任务、提高教学效率都具有十分重要的意义。体育教师要使自己的讲话生动，就必须增强语言的形象性。所谓形象性的语言就是能够使人如临其境，如闻其声，如见其人。体育教师通常可以通过形象化的修辞手法，来增强语言的形象性。如比喻，即我们常说的打比方，就是借具体常见的事理，比方说明生疏抽象的事理，如“失败是成功之母”。比喻形象鲜明，情趣盎然，它能沟通多个孤立的表象，借助联想建立起恰当的内在联系，从而有利于启发学生的形象思维，深刻理解动作要领和加深记忆。作为体育教师，如果能在自己的教学活动中巧用比喻，言事明理，化抽象为具体，化平庸为生动，笃实为一种好的方法。

3.情感真挚，富于启发性

教师的语言必须富于情感，情是语言的结果，又是语言的先导。“感人心者，莫先乎情”，要使讲话生动，必须增强语言的感情色彩。感情色彩浓厚的语言，有强烈的感人力量，而语言的感情色彩，又来源于教师的思想感情。只有忠诚党的教育事业、热爱体育教学工作、热爱学生的教师，才可能激情满怀，缘情体物，以言传情。教师的语言富于情感，会使学生产生情感共鸣，也会使学生心心相映。心理学家的研究表明：当教师讲得出神入化、富于情感时，给学生留下的印象最深刻，也是效果最好的时候，能达到潜移默化的作用。

在体育教学中，对学生进行思想教育时，更需要注意语言的情感。体育教师要善于发现问题，抓住时机，“动之以情，喻之以理”，语重心长，亲切诚恳，把教书和育人水乳交融地、自然巧妙地结合起来。教师的情绪可以对学生的情绪产生诱导作用，教师真挚饱满的情绪、热情耐心的辅导，都能大大促进学生练习的积极性。体育教师应以高度的责任心和事业心去教书育人，语言运用要体现出对学生的关心和爱护，并应具备控制自己情绪的能力。当学生练习成功时，及时给予表扬；当学生动作失败时给予鼓励；当学生焦燥不安时，及时给予安慰，用诚挚的、鼓励性语言启发学生，以强化学生的学习情绪。

三、体育微格教学的讲解技能

（一）讲解技能的含义

讲解技能是指体育教师通过运用语言表达技能，对事实及运动技术动作进行描述、解释、分析、概括，以便对学生认知、情感及运动领域施以积极影响的一类教学行为方式。

在体育教学中，教师对学生学习的指导是通过多种方式和方法进行的，如直观演示法、语言法、练习法等。其中，语言法就是运用语言多种不同的形式来指导学生学习，从而达到教学的基本要求的方法。语言表达技能是讲解技能的基础，而讲解技能是针对教学的实际，有目的地运用语言，实现教学目标而采用特定的、较高层次的语言手段。

讲解是教师向学生传授体育知识、动作技术、技能的主要方法之一。讲解可以使学生了解体育课的目的、任务、教学目标、基本概念、动作名称、作用、要领、方法、顺序及要求等，帮助学生明确学习目的，建立运动技术概念，以指导学生进行练习，掌握所学的体育教学内容。在体育教学中，许多体育的知识、动作技术、技能只有通过教师的讲解，学生才能比较透彻地理解和牢固地掌握。讲解技能不仅用于新知识、新技术的学习过程，也运用于复习巩固旧的知识和动作技术之中，它在教学中的应用最为广泛，其他许多教学方法，如示范、展示图片等也往往需要讲解的配合。讲解不仅可以使学生把动作的技术要领与其所观察的结果联系起来，从感性认识逐步提高到理性认识，还可以启发学生积极思维，对学生进行思想品德教育。因此，讲解可以说是体育教师的中心教学技能之一。

对讲解技能进行系统的学习和训练，其目的在于使教师的讲解技能从理论知识方面更加系统化，从运用方式方法上更加规范化，便于教师理解、操作与提高。当然，在实践性很强的体育课堂教学中，室外复杂的教学环境对教师的讲解增添了一定的难度，精讲多练对体育教师的讲解能力和水平又提出了更高的要求。

讲解技能是教师运用语言的一门艺术，它不是教师天生就有的，而是后天经过反复的实践，不断的改进、总结和提高逐步形成的。体育教师作为人类灵魂的工程师，保护人类健康的使者，理应义不容辞地尽快提高讲解技能，胜任并完成好本职工作，较好地完成历史赋予的光荣使命。

（二）运用讲解技能需要注意的问题

讲解技能掌握之后，随之而来的就是教师如何根据教学目标、教学任务和教材内容的特点，并针对学生的实际情况，合理、灵活地运用讲解技能，真正实现讲解的价值和作用。下面从几个方面谈谈在应用讲解技能过程中需注意的一些要点。

1.充分准备

成功的讲解来自教师课前的认真准备。认真备课是教师获得良好讲解效果的基础，教师课前要吃透教材，讲解内容要精选提炼，讲解的结构和层次要设计好，讲解的顺序要明确，教学的重点和难点要心里有数，力争做到循序渐进，承前启后，相互渗透。单元教学计划和教案中所设定的教学目标和任务要明确具体，配合教学内容选择适宜的讲解方式，确定关键的词语和术语，减少讲课语言的随意性。

2.了解学生

讲解的有效性，首先要看教师对学生真实状态了解的程度，如学生的年龄、知识基础、健康状况、运动能力、兴趣爱好、班风班纪等。教师对学生有充分的了解，讲解才会有的放矢，才具有针对性。了解学生有利于在设计讲解策略时，把讲和听、讲和想、讲和练与学生的实际情况结合起来，努力实现讲解的最佳效果。

3.条理清晰

讲解的设计必须要有条理。如先讲什么，后讲什么；先讲再练，还是先练再讲；先提问再讲解，还是先讲解再提问等。在不同的教学阶段或对待不同的教学内容它们应该是不一样的。采用不同的方式可获得不同的教学目的，取得不同的教学效果。

4.简洁精练

身体活动是体育教学的本质特征，精讲多练是体育教学的基本要求。因此，教师的讲解必须语言简洁、精练，信息传递清晰，层次分明、重点突出。烦琐的讲解容易被教师察觉，但不易改正，有必要进行有意识的训练。

5.富于变化

讲解是传递教学信息的重要手段，但不是唯一的手段，也不是万能的手段。讲解只有与演示、动作示范、提问、身体语言等其他教学技能有机地结合，不断地变化、呼应，弥补讲解的不足，才能提高讲解的科学性、直观性、形象性、生动性和趣味性，收到理想的讲解效果。

第三节　微格教学在高等体育教育教学中的应用

关于微格教学在高等体育教育教学中的应用，本节主要从教学设计和教案编写两个方面具体分析与讲述。

一、微格教学在体育教学设计中的应用

（一）微格教学方案的具体设计

当我们决定采用微格教学手段来培训体育师范生或在职体育教师的教学技能时，首先必须设计一个完整的微格教学培训方案，以便使整个培训过程始终在有计划、有组织、有秩序的条件下进行。这是搞好微格教学培训的一项重要工作。

1.教学计划的制订和组织

在开始组织实施训练教学技能的微格教学时，无论被培训者是师范生或是在职体育教师，首先要有周密的计划，根据受训者的人数、可能利用的培训时间、教学时数、受训者的教学技能水平等，结合近期和远期的培训目标，将实施过程分为若干个阶段，并明确各阶段的具体目的、任务和具体的培训日程安排。再根据各阶段所确定训练的教学技能，制定出明确的与其训练内容相一致的目的任务、实施方案、组织措施、设备筹划与各项准备工作等。教学计划的实施与组织，要充分考虑全学年的教学任务、教学内容、教学时数的安排及在职教师的科研方向等，并与它们有机地结合起来，使其能够更好地直接为教学、科研服务。

2.教学技能的确认

因为不同层次师范院校的学生和不同层次院校的体育教师的教学技能的要求不尽相同，或者说他们对各种教学技能需掌握的程度和侧重点也有所差异。因此，在确定培训教学技能时，应根据受训者将要面对或正在面对的教育对象的不同，明确认定哪些教学技能是各层次师范生或体育教师应该熟练掌握，并能够灵活运用的教学技能。这些教学技能应当掌握到何种程度或在某一个训练阶段应当掌握到何种程度。根据教育对象身心发展的特点，应明确重点训练哪些教学技能，这些教学技能是否对提高教学质量起着重要的作用。如未来的教学对象是少年儿童，由于他们的抽象思维能力较弱，体育教师的正确示范、直观演示、形象生动的讲解等技能对少年儿童建立正确的运动条件反射就显得更为重要，所以对于从事幼儿或小学体育教育的受训者来说，应加强这些技能的训练比重。

3.教学技能标准的确定

教学技能的标准是指在培训教学技能的过程中，体育师范生或在职体育教师经过训练应达到的技能目标。在培训过程中，有了明确的技能标准，受训者就有了努力的方向和前进的目标。在确定教学技能标准时，要根据各级体育师范生或体育教师确认的教学技能，制定出相应的教学技能标准和不同培训阶段的教学技能标准，并以此为准绳来衡量、评定、指导受训者在微格教学课上教学技能的表现情况。教学技能标准的确定，应从实际出发，要根据不同师范院校的培养目标或在职教师现有教学技能水平而定。评定标准制定高了，容易挫伤受训者受训的积极性，标准定得过低又不易挖掘受训者的教学潜能，不易发挥他们的探索、开拓精神，不利于调动他们的主观能动性。因此，在制定技能标准时，应循序渐进，由低到高，随着受训者教学技能训练水平的不断深化和提高，评定标准呈现螺旋式上升的趋势。

4.教学计划中的学习活动

没有理论指导的实践是盲目的实践。微格教学对体育教师教学技能的训练是在现代教育理论和教育思想指导下的实践活动。因此，在设计微格教学方案时，充分考虑学习和研究教学理论是非常重要的。要根据微格教学各个阶段的目的、任务及所要训练的教学技能，有针对性地组织师范生或体育教师学习有关教育学、教育目标分类学、体育理论、体育行为学、运动心理学等的理论知识。除此之外，还要对教学设计、教材分析、课堂教学观察、教学评价等进行认真、细致、深入的学习和研究，丰富师范生或在职体育教师的知识，开阔思路，加深对某一特定教学技能在教学过程中的作用的理解，掌握不同教学技能的操作方法和运用原则。受训者通过理论的学习和研究或请具有某项教学技能专长的教师做专题报告，就可以在理论指导下拟写微格教学的教案，使教学技能的训练过程建立在坚实的理论基础上。

5.教学技能训练步骤的确定

师范生或在职体育教师的教学能力与教学技能，因他们所受教育的层次、教育的年限、教学经验的多寡、认识能力、钻研精神、工作态度、努力程度等因素的不同而有所差异。因此，在制订教学技能训练计划时，要有针对性地、因人而异地制定出师范生或在职体育教师的教学技能训练步骤，明确哪些教学技能对受训者来说是近期亟待解决的，哪些教学技能是有待于今后进一步提高的。根据轻重缓急来制订训练计划，安排训练步骤，确定训练的技能。对于在职体育教师来说，由于作为教师终身教育的在职进修是一个长期的、不断的教育过程，因此对每一位在职体育教师进行教学技能训练，既要有近期教学技能训练的计划，又要有远期教学技能训练的目标，使近期的训练成果与远期的训练目标有机地结合起来，形成对每一位在职教师进行教学技能训练的完整体系。

（二）微格教学课的具体设计

微格教学课是实施微格教学方案、教学培训计划的最终手段。微格教学计划中的目的、任务都要通过微格教学课来实现。因此，能否有效地组织实施微格教学课是关系到能否实现微格教学计划的目的、完成其任务的关键。如何组织、设计一堂微格教学课，涉及要训练什么教学技能，是单一技能的训练，还是进行技能组合的训练，受训者、教学内容、教学对象的组合形式和变化方法及评估的策略等。微格教学的组织者必须对这一系列问题在微格教学课的设计中做出明确的选择。微格教学课的设计首先要明确训练的方式。其次，应该明确与该方式相配合的教学策略及方法，这实际上就是确定采用何种具体的训练组合方式。当训练方式、教学策略及方法确定后，就要研究课堂的记录和评价方式。在微格教学课的设计中，选择将要训练的教学技能如何与训练方式、教学策略及执行这一策略的具体措施有机地结合起来，就成为微格教学课设计的关键。

1.确定微格教学训练方式

根据微格教学组织者的设计思想，首先确定训练方式。微格教学课对师范生或在职体育教师教学技能的训练方式，分为针对某种特定技能的片断性教学技能训练和组合性教学技能训练。片断性教学技能训练就是要通过微格教学课，训练受训者的某一特定的教学技能。如课的导入、讲解、示范、提问、反馈、控制、结束技能等；组合性教学技能训练就是要训练师范生和在职教师综合运用两种或两种以上教学技能的能力，如导入和讲解技能的组合，示范、提问、讲解技能的组合等，最终完成全部教学技能的综合训练。

2.确定微格教学课训练策略

根据不同的训练方式、师范生或在职体育教师各自的特点，以及课后不同的评估、检查手段，在确定训练策略时，可改变教学内容、教学对象和受训者这三个因素，为课后的检查评估创造条件。如在教学内容、教学对象不变的前提下，变换受训者，课后可通过录像来分析比较不同受训者在教授同一教学内容时教学技能运用的情况、教学效果的好坏，从而通过对比达到取他人之长、补己之短，互相学习，共同提高的目的。

3.评估微格教学课训练效果

根据教学内容、教学对象和受训者三个可变因素的转换，训练效果的评价可分为自我对比评价、相互对比评价和综合评价。在微格教学过程中，无论采取哪种评价方式都应该是诊断性和分析性的评价。无论是受训者本人、指导教师及其他参与评价的人员都应理智地评价训练结果，帮助受训者找到教学中的不足，提出进一步提高的方法和措施。每位微格教学的参加者都应把评估视为自己的事，将评估作为训练教学技能的一个重要环节来对待。

4.修正微格教学课训练方式

受训者通过一次数学技能的训练后，对自己教学技能掌握及运用的情况有所了解，通过观看自己教学实践的录像和从其他参加者那里获得的反馈信息及理论方面的再学习，更加明确了自己的教学技能在哪些方面还需要改进和提高，根据改进的意见和训练的任务，重新拟定教学计划进行再循环训练，或根据指导教师的要求，设计新的特定技能训练或组合技能训练的方案，进入下一次训练。

二、微格教学在体育教学教案编写中的应用

教案是组织教学的具体方案，也是课堂教学的指导性文件，还是完成教学计划中各项任务的具体而重要的保证。在进行微格教学时，当受训者确定了所要训练的教学技能之后，编写教案则是一项重要的工作。微格教学教案的编写是受训者根据微格教学理论、运用各种教学技能，恰当地选择教学内容和教学手段，并结合学生实际所进行的课堂教学设计过程。微格教学教案充分反映了受训者对一堂微格教学训练课的设计思想，并根据教案中的教学目标、授课行为、教学技能的应用等，去实现本次微格教学课预定的技能训练目标。微格教学教案也是受训者将微格教学理论、教学技能、技巧得以具体运用的准备方案。

（一）教案编写的方法与步骤

在编写微格教学课教案时应按照下列方法和步骤进行。

1.明确所要训练的教学技能

在微格教学课中要重点训练哪项教学技能，可由受训者自己选择，也可由指导教师根据微格教学训练计划各阶段的目的、任务指定。只有确定了所要训练的教学技能，受训者才可能根据该技能选择教学内容和教学策略。

2.选择教学内容

受训者应以确定训练的教学技能为依据，列出几项教学内容，然后分析一下这些教学内容中自己熟悉哪一项教学内容，并能够充分应用或表现其教学技能，然后做出最后的选择。在选择教学内容时，还要考虑所选择的教学内容及其练习方法等是否便于在微格教学实验室进行，如果回答是否定的，那么就要变换练习方法或重新选择教学内容。

3.确定教学目标

受训者在编写微格教学课教案时，首先要清楚学生角色通过本次课的学习要掌握什么，怎样对学生的学习态度、学习的动机施以影响，学生要掌握什么概念、运动技能，怎样启发引导学生的思维过程，加强学生独立思考解决问题的能力，然后根据本次课的教学内容和学生的实际情况设定简明切实的教学目标，以便使受训者根据所设定的教学目标选择相应的教学策略和教学手段。

4.选择教学方式

受训者应根据教学内容、教学目标来选择、安排适宜的教学顺序和教学手

段方法。首先，应考虑本次课怎样引导学生进入学习内容，激发起学生的学习兴趣，吸引和集中学生的注意力，建立师生间积极的相互关系。其次，还要考虑课的组织工作怎样才能井然有序，具有明确的目的性。再次，还要考虑通过什么教学方法和手段对该技能的训练最为适宜和有效，每个教学手段和练习方法是否具有明确的目的性，在教学过程中我做什么，学生做什么，怎样将我的教学行为与学生的学习行为紧密地联系在一起。最后还要考虑用什么方法来结束课。

5.列出参考文献

受训者在准备编写教案前，应将在编写教案时参考了哪些文献资料和研究成果及它们的名称和出处逐一列出，以便为其他受训者查寻、参考提供方便。

（二）教案编写的具体内容

根据微格教学课的特点和要求，编写微格教学教案应包括如下内容。

1.教学目标

编写微格教学教案的首要任务就是设定明确、具体的教学目标。教学目标是教案内容中的核心部分，其他内容都要以教学目标为依据来进行编写。教学目标的设定方法、原则及注意事项可参阅前又“设定课堂教学目标技能”来编写。

2.教师的教学行为

教师在授课中的教学行为如讲解、示范、提问、反馈等若干活动，都要在微格教学教案中反映出来。教师的教学行为是微格教学教案内容中的主体部分，它反映了教师应用教学技能的步骤和方法。因此，需要受训者在周密设计的前提下认真细致地编写。

3.应用的教学技能

在一节复杂的课堂教学中，教师教学行为的表现是多方面的，单就一种教学技能来说，又有其不同的应用分类和方式。因此，在微格教学的教案中，还应包括授课教师的教学行为应用了什么教学技能的内容。授课教师教学技能的应用与教学行为要相对应地在微格教学的教案中反映出来。在微格教学教案中，授课教师运用的教学技能的内容也是十分重要的，它可以帮助指导教师或其他参与人员了解授课教师应用教学技能的思路和选择运用的具体教学技能。

4.学生的学习行为

授课教师在备课中要预想学生可能在课堂教学中出现的学习行为。学生的课堂学习行为主要有观察、思考、回忆、回答、练习、提问及对反馈的反应等。在微格教学的教案中，要写出预想学生在课堂中可能发生的学习行为是非常重要的。它不仅体现了教师对教学过程中学生可能发生的预想反应的注意，也体现了教师引导学生逐步逼近教学目标的教学策略，使课堂教学始终在教师的控制下顺利进行。

5.组织教法

授课教师在教学过程中的组织形式，教学方法，如学生的队形，练习时的分组形式、队形的变化等都要按顺序写在教案上，使课的组织工作能够有计划地顺利进行。

6.时间分配

微格教学是由0′ 0″ 开始计时，它以分、秒严格地控制教学过程的每一个环节。因此，在微格教学的教案中，教师授课行为和学生学习行为一栏前，一定要有与其相对应的教学时间，这样才能保证微格教学课按时间准时结束。训练教学技能的微格教学课，一般要求有很强的时间观念。因为受训者要在有限的时间内一个接一个地连续进行训练。所以，微格教学教案中的时间内容是非常重要的。

（三）教案的批阅和修改

受训者写好微格教学教案后应由指导教师批阅，经指导教师同意并签字后方可授课。指导教师对受训者的教案可以亲自批改或组织学生小组进行集体讨论批改。批改受训者的微格教学教案，无论是指导教师还是组织学生小组进行集体讨论，都应考虑以下因素：

（1）教案中的教学行为是否有利于训练特定的教学技能？还需要修改吗？

（2）在微格教学课教案中，受训教师的着眼点是在教学过程，还是在教学技能的训练上？如果是前者，必须修改教案。

（3）教案中的教学步骤、方法是否能达到本次课所设定的教学目标？

（4）从学生的角度看，本次课的教学目标设定得是否适宜？预测学生是否能够达到？

（5）学生对课中的练习内容是否有经验？能否完成？设想练习的反应如何。

（6）教案中，教学技能的应用有无贪多、贪大、求全的倾向？如果有必须修改。

受训者的教案经过指导教师或小组讨论批改后，应根据批改的意见修改。在修改教案时要以受训者为主、指导教师为辅，多启发受训者自己动手动脑，这样才能取得较好的效果。

下篇

体育教育与运动训练

当今世界是发展的世界，经济、政治、科技都呈现出前所未有的发展速度。科学技术综合化、整体化的趋势，科学技术与人文文化相互渗透和融合的趋势给人才培养带来了前所未有的机遇和挑战。为加快人才培养，我国学校教育通过对人才培养模式的调整和人才培养目标修订等做法，已经为社会培养了大批合格人才。体育作为一个特殊领域，现代社会对体育人才也提出了新的要求。“奥运争光计划”和“全民健身计划”的实施，体育的快速发展及中国申请第24界冬奥会成功，使得体育方面人才的社会需求急剧增加，除了需要高水平的运动员外，还要有高水平的教练员和高级体育管理人员及高素质的体育科研人员等体育人才。这些人才需要专门培养，所以高等教育体育专业人才培养尤为重要。于是，越来越多的体育教师意识到将运动训练引入体育教育的重要性和必要性，并开始越来越多地去尝试。

第五章　体育教育与运动训练概述

体育教育专业旨在培养具有良好思想道德素质与科学人文素养，有较强的终身学习能力、创新实践能力、科研创新能力和社会实践能力。能将当代体育与教育有机结合，并掌握先进科学的教学方法与体育教育学科理论知识，可以胜任学校体育课教学、健康知识教学、体育兴趣班教学、体育专项教学、课外体育活动组织和社会体育知道和体育科研等工作的体育教师。运动训练专业旨在培养文化素质与体育专业技能并重，具有参与竞技体育赛事能力和赛事组织能力的，可以进学校校进行体育健康教学、组织训练、安排赛事的，可以适应我国当今社会体育发展要求的应用型体育人才。

第一节　现代社会与体育

一、现代社会概况

20世纪下半叶，科学技术飞速发展，社会生产力获得了巨大的进步，人们的生产、生活方式都发生了深刻的变化。机械化、自动化、电气化、信息化、智能化成为了现代社会的显著特征。随着科技的巨大进步，人们在工作中体力的直接支出越来越少，劳动变得越来越轻松，物质生活条件也变得越来越优越。现代社会给人们带来方便和舒适，但同时也带来了许多危机和挑战。

（一）现代社会与人们面临的挑战

现代社会中的人们在享受社会进步带来的舒适和便利的同时，也面临许多危机和挑战。

1.现代生产方式对人们的挑战

现代科学技术在社会生活中的应用，使人们的生产方式和生活方式都发生了极大的变化，繁重的体力劳动大大减少，脑力劳动的比重逐步增加。现代化的脑力劳动要求人们具有丰富的知识，掌握精湛复杂的技术。在动作技能上，过去那种大幅度、高强度的劳动动作，被由小肌肉群参加的小动作所取代，要求人们灵活、准确、协调地控制生产的过程，快速而准确地判断和处理许多仪表的数据，有时还要求屏住呼吸，注视屏幕或凝神细看。这些都使劳动者在生产过程中注意力长时间地高度集中。这种大脑活动要比单纯的肌肉活动对人体的要求更高，更容易使人疲劳，更需要进行生理上和心理上的调节。

脑力劳动的一个特点是长时间伏案工作，中枢神经系统负担重而身体缺乏运动。如不通过体育活动进行调节，长此以往，就会出现不活动性萎缩、新陈代谢低下、适应能力降低、肌力衰退、神经衰弱等现象，而这些正是现代文明病的表现。

2.现代生活的快节奏对人们的挑战

现代社会生活要求生产者有较高的工作效率，要求加快动作频率，接受和处理大量信息，具有敏捷的反应能力和应变能力。由于工作紧张，又使得周围生活气氛炽烈，生活节奏大大加快。在快节奏环境里生活，人们会感到精神振奋、生活充实、积极奋进、朝气蓬勃。但生活节奏的加快，也会给人们带来健康方面的问题，如过度的生理和心理紧张，最初会使大脑神经细胞产生疲劳，若不及时调节，长期下去，将会使大脑工作能力下降，引起神经衰弱等多种疾病。同时，长期过度紧张会引起内分泌系统和植物神经系统的紊乱，诱发神经官能症及心血管系统疾病等。

3.现代都市生活对人们的挑战

现代社会，人们纷纷涌向城市，城市成为政治、经济、文化的中心，城市化和都市化是现代社会发展的趋势。现代社会都市化生活给人们的生活方式和生活环境也带来了许多不利的因素，使生活在都市中的人们面临诸多挑战。

由于城市人口高度集中，迫使现代建筑向高空发展，摩天大楼处处林立。人们居住在这样一些用新材料建成的与新鲜空气和阳光隔绝的建筑物中，与大自然的距离越来越远，这对于自然造物的人体来说是不易适应的。大自然的日光、空气、水这些自然因素对人体的锻炼是其他物质所不能代替的。

4.环境污染对人们的挑战

现代社会，由于人类对资源的过度开发，工业生产产生的大量污染，汽车排放的尾气等，导致大气污染、土壤流失、植被减少、全球变暖，生态平衡遭到破坏，人类生存的环境日益恶化。并且招致了大自然对人类的报复，酸雨、沙尘暴、海啸、雪灾等自然灾害频发，使现代社会生活中的人们面临着巨大的、前所未有的挑战。

5.日益提高的物质生活条件对人们的挑战

现代社会，人们的物质生活条件越来越好，饮食结构大大改善，脂肪和肉类食品所占比例不断升高，人们从食物中摄取的热量也就越来越多了。人们出行的交通工具逐渐被汽车等现代化手段所代替，通信和网络愈来愈发达，这些导致了人们走路的机会大大减少。家务劳动社会化和家用设备的电器化，使人们在日常生活中的体力活动也减少了很多。日益提高的物质生活条件使现代社会中的人们面临巨大的挑战。

现代社会，竞争加剧，生活节奏大大加快，使人们经常处于紧张状态之中，精神上承受着很大的压力。现代社会生活方式的这种急剧变化，造成了现代人的机体结构和机能与生活环境之间的不平衡，出现了所谓“运动缺乏，营养过剩”“生活能力下降”等现象。像冠心病、高血压、神经官能症、肥胖症等“现代文明病”发病率持续上升，严重地威胁着人们的健康和生命。

当然，现代社会生活对人的不利影响是发展中的缺陷，是可以逐步克服的。大量的科学研究和实验证明，体育运动是防治“现代文明病”的最积极的手段。我国是社会主义国家，科技革命和社会进步同步发展，国家关心人民健康，将增强民族体质作为一个重要的社会目标，纳入到我国的社会发展和建设规划之中，人们应该也完全可能通过对环境污染的科学防治和积极开展体育运动来解决上述弊端。正如国际运动医学联合会主席普罗科普所说：机械化和自动化越来越多地夺去了人们从事体力活动的机会。由于缺乏运动，人体机能很快就会消退，不管现代医学如何发展也没有办法弥补，目前流行的“文明病”就是一个最典型的例证。适当的体育运动是预防“文明病”的最好办法，应当从这样的高度来认识体育运动的社会价值和作用。应当看到，通过体育运动来调节人们的精神，增强人们的体质，丰富人们的生活，已经不仅仅是个体的需要，而且是整个社会的需要；不仅是提高社会生产的需要，而且是保证人体健康地发展和人类正常生命活动的需要。

（二）现代人们的生存现状

1.脑力劳动多，体力劳动少

现代科技的发展给社会发展创造了雄厚的物质基础。随着计算机、自动化控制、信息技术在各个领域的广泛运用，大量简单的体力劳动被机器取代，从事脑力劳动的人数大量增加。体力劳动的减少，使得身体的许多“零部件”处于“闲置”状态，许多人没时间或懒于定期进行身体锻炼，使得身体机能过早地衰竭。

2.竞争压力大，心理承受力差

在向市场经济转轨的过程中，竞争日益激烈，这给人们带来了巨大的生理和心理压力。目前，我国大众，尤其是20世纪80年代后出生的大学生（独生子女），他们的心理现状更是令人担忧。最近一项对全国1.4万名大学生的调查显示，17%的学生存在负面心理情绪，大学生中因心理疾病退学的人数高达退学总人数的54.4%。因此，心理专家和学者呼吁要加强对学生的心理监控和治疗。无疑，心理咨询和治疗是十分必要的，但更重要的是加强学生健全人格和心理素质的培养。

3.荧屏视动多，四肢伸展少

根据有关调查结果，与20世纪90年代初相比，学生身高、体重明显增长，胸围、肺活量、耐力、柔韧性则明显欠佳，一些地方学生高考体检，不符合专业要求的比例高达85%。出现这些问题的主要原因是学生每天的体育锻炼不足，体育活动时间得不到保证。

4.营养水平提高，文明病增多

现代人的“富营养化”现象十分严重。据报道，全球肥胖症患者已经超过3亿人，并且，还在不断增加。美国亚特兰大疾病控制和防止中心估计：在美国3万亿美元的健康保健账单中，6.8%花在与肥胖症相关的疾病上。

尽管肥胖症现象在我国不如欧美严重，但其发展趋势却令人关注。2002年的“中国居民营养与健康状况调查”显示：我国成人超重率为22.8%，肥胖率为

7.1%，估计有超重和肥胖人数分别为2亿和6 000多万；成人血脂异常患病率为18.6%，估计全国有患病人数1.6亿；成人高血压患病率为18.8%，估计全国有患病人数1.6亿；成人糖尿病患病率为2.6%，估计全国有患病人数2 000多万。膳食高能量、高脂肪和体力活动少，是导致超重、肥胖、糖尿病和血脂异常的主要原因。

二、现代社会对人才的基本要求

世界经济的全球化和科学技术的迅猛发展，正日益深刻地改变着当今人类的生产方式和生活方式，以信息转移为特征的知识经济时代已初见端倪，这预示着未来世界的一个重要发展方向，从而使得知识、人才、民族的素质和国家的创新能力等要素成为经济增长和社会发展的关键因素。当今世界各国的竞争，实际上是知识、人才的竞争。要想在竞争中抢占制高点，赢得主动权，最根本的就是要依靠高素质的劳动者和创新的人才。从现代社会的发展来看，对现代合格人才的基本要求可以归纳为以下几方面。

（一）健康的身心

健康的身体应体现为：①体质、体能良好，体格健壮，适应能力较强。②体能全面。包括身体基本活动能力、身体素质的全面发展以及身体各机能系统的协调发展。③健康的心理。体现在思维敏捷，态度积极，兴趣广泛，心胸宽广，情绪良好，敬业协作等方面。由于科学技术的发展，生产机械化、自动化程度的提高，人们大量从事高速度、高强度的脑力工作，工作的紧张程度要求我们有更加健康的身体、持续工作的能力和较快的恢复能力，像宇宙航行、海洋工程等上天下海的工作，如没有健康的身体，是不能胜任的。而现代社会科技的发展已经把地球变得越来越小，人与人的交往越来越需要加强协作，人们既要有奋发向上、百折不挠的精神，还要有经得起失败和挫折的心理素质。健康、良好的心理素质是现代人才必备的要求。

（二）高超的智能

随着以信息转移为特征的知识经济时代的来临，预示着对人的智能要求将发生深刻的变化。首先，知识的更新越来越快，称现代社会为知识爆炸的时代毫不为过，这就要求人们具有较强的学习能力，不学会学习，则很难适应社会的发展；其次，有开拓和创新能力。创新能力是一种综合能力，必须要有坚实的基础、敏锐的观察能力、很强的动手能力、好奇的探索能力。此外，还应具有竞争能力。

（三）高尚的道德情操

作为社会的人，其人生态度、社会公德、职业道德、协作精神等是最基本的并为全世界认可的优秀品质，其中尤以职业道德和协作精神最为重要，它们是人们取得成功所必备的思想品质。现代科学的发展一方面使专业越分越细，另一方面对协同攻关的要求越来越强烈。近几十年，诺贝尔奖极少单人获得便是很好的说明。随着现代的科学实践和经济贸易全球化的趋势，协作精神已成为科技人才的重要素质。

三、体育对人的发展的作用

（一）促进身心健康

随着社会的发展，社会对人的健康水平要求越来越高，人们对体育锻炼的要求也越来越强烈。在工作方面，随着科技的巨大进步，人们的劳动越来越机械化、自动化、信息化、智能化，人们在工作中体力的直接支出越来越少，过去那种繁重的体力劳动已逐渐为操纵按钮、敲打键盘等更为轻松的方式所取代，可以说，劳动变得越来越舒服了；在生活方面，日常生活越来越电器化、信息化，人们摄入体内的营养物质越来越多，甚至过剩。于是，就产生了大量的所谓“文明病”，例如心脏病、高血压、高血脂、肥胖症、动脉硬化、糖尿病等。更为严重的是，现代社会中人们面临着巨大的竞争以及工作、家庭、生活、社会等多重压力，由此引发了非常广泛的、严重的心理障碍与疾病，例如，失眠、烦躁不安、心理忧郁、孤独感等。其实，这种状况在大学生中也非常严重，心理问题已成为一个严重的社会问题，大学生中途退学、自杀等现象屡屡出现就是例证。为此，教育部已明确要求各级学校建立学生心理咨询机构。现代社会给人们带来方便和舒适，但同时也带来了许多危机和挑战。为了应对现代文明对人类健康带来的这些新问题，一个全球性的健康促进战略——“面向21世纪的国际健康促进运动”已经在全世界范围内展开。我国颁布了《体育法》，制定了“全民健身体育发展纲要”，美国有“健康公民2000年计划”，新加坡有“生命在于运动计划”，日本有“国家促进健康基本计划”等，这些都紧紧围绕着一个目标，即“体育为健康”，努力使体育成为现代健康生活方式的基石。为此，国家投入了大量的财力、物力与人力。这说明各个国家对体育运动的重视已经上升到一个国家发展战略的高度，全民健身不仅仅是个人的私事，更对国家的稳定、发展、繁荣都有着深远的意义。我国很多工厂、机关、企事业单位推行工间操，定期不定期地组织职工开展丰富多彩的体育活动，人们积极进行晨练、晚练，步行上下班，乘电梯改为爬楼梯等，体育锻炼正成为人们一项基本的生活内容。因此，通过参加体育锻炼而达到强身健体的目的，是每一个现代人的基本需要，也是现代社会对人的基本要求。

（二）丰富业余生活

现代科技的发展提高了社会生产率，将人们从繁重的体力劳动中解放出来，使人们获得了更多的余暇时间。余暇时间的增多给人们带来更多的从事余暇活动的机会，而如何打发这些越来越多的时间，是现代社会所面临的一个现实问题。早在1974年，日本“余暇活动开发中心”进行了一次广泛的社会调查。研究人员对日本国民所喜爱参加的各种余暇活动进行了分类，划分出15类余暇活动类型。在这15类活动类型中，人们发现至少有9类活动属于体育运动，或者根本就是不同的体育运动项目群，另外还有两类活动与体育运动有关。这个调查结果表明，在社会经济发展到一定水平时，人们经常参与的几种余暇活动中，体育运动占有相当大的比例。

体育运动之所以能在现代人的休闲方式中占有显著的地位，在很大程度上与它本身的特点和所具有的社会功能，以及它对个体自身改造的意义密切相关的。

现代社会生活中，生产方式的转变给人类带来的是余暇时间的突然增加、精神产品的需求突然增加，体力劳动强度的迅速降低、生物适应性的迅速降低。一旦生产活动中体力的作用下降到几乎可以忽略不计，体育作为一种与生产有联系的教育实践过程，其运行轨迹必然会受社会调控。随着时代的发展，脑力已在生产活动中跃居主导地位，体力不能作为关键的生产力要素，这势必导致从物质生产需要“强身健体”转化为人们对健康生活的追求。工业社会进入知识经济，体力不直接做功于生产，体育的社会功能就从促进生产劳动转变为提高生活质量。

现代化的生产方式和生产手段不仅给社会和个人带来了财富和余暇时间，同时也带来了许多对人性和人的生命不利的因素，如劳动方式的智力化等。在自动化生产过程中，员工们在毫无感情的生产流水线上不断重复进行同一性质和结构的生产动作，枯燥厌倦之感可想而知；每天与大量的文件、数字、报表等打交道的文职人员，更难以摆脱人性压抑的感受。长期积累的厌倦和压抑最终会引起个人心理机能上的不平衡，从而导致心理疾病的产生。何况那种单调刻板的劳动状态，以及那种长时间伏案工作和操作各种仪器、计算机所导致的身体运动不足，使身体机能退化，适应能力和抗病能力减弱。很显然，处于这种心理和生理状况的人们十分渴望从压力下解脱和人性的复归。

体育运动则较好地满足了人们的这种需求。研究发现，人们利用余暇时间去参加各种休闲活动的动机不外有如下几种：

（1）发散剩余精力的动机，这在精力旺盛、活泼好动的青少年和儿童的身上表现尤为突出。

（2）净化情感动机，即以某种活动来缓解压力和宣泄不满情绪，以使心境恢复平静。

（3）社会回报的动机，通过某种余暇活动来体验在工作、学习和生活中不能得到的成功感和满足感。

（4）社会同化的动机，通过参与某些余暇活动达到与他人交往、提高自身某些素质、发展自己对社会的适应能力的目的。

在选择休闲方式的时候，人们力图选择那些能够满足他们需求的具体活动形式。现代运动生理学研究发现：体力上的疲劳得以恢复的方式可采取积极的与消极的两种，其中，积极的方式是借助于轻松的身体运动来促进有机体新陈代谢的过程，从而达到机能恢复的目的，其恢复速度较消极方式更快且更有效。现代运动心理学的研究也表明：焦虑和紧张的心理状态会随着身体运动的加强而逐渐降低其强度；激烈的情绪状态往往在体能的消耗中逐渐减弱，最后会平静下来。

体育运动的活动方式繁多，内容十分丰富。从无需什么设备、技术到高规格场地设施、专用器材、专门化技术，从个人独立操作到多人共同参与，从健身、娱乐到康复、竞技等，无论是什么社会阶层、社会职业，什么性别和年龄的人，都能从中选择既符合自己的社会地位、又满足自己的兴趣爱好，既适宜自己的经济条件、又适合自己的活动能力的方式方法进行活动。与其他任何一类社会文化娱乐和休闲方式相比，体育运动无疑具有最为广泛的社会适应性，而且适宜的身体运动不仅有利于人们的机体健康，也有益于人们的心理健康。现代社会为人们提供了如此丰富多彩的文化娱乐方式，而体育运动则是最普遍的休闲方式之一。

（三）促进人际交往

人际交往是指在社会活动中，人与人之间进行信息交流和情感沟通的联系过程。在当今社会，人的交际能力是影响一个人的成功与否及成就大小的关键因素之一。体育运动为人们提供了一个社会互动的机会和场所，在体育活动中，人和人之间必然产生各种各样的联系，或相互竞争，或团结协作。体育活动增加了人与人交往的机会，同时也提高了与人交往的能力和技巧。参与体育活动，可以使人忘却烦恼和痛苦，消除孤独感，并逐渐形成与人交往的意识和习惯。有研究表明，性格内向者比性格外向者的社会交往需求更强烈，这种社会交往的需求可以通过集体性的体育活动得到满足。因此，性格内向者更应该参与集体性的体育活动，增加社会交往机会，使自己的个性逐步得到改善。

在体育活动的过程中，人们互相交往交谈、交流沟通，这在无形之中拉近了彼此之间的距离。在体育活动过程形成的对人的认识、印象、评价、感情、友谊等，常常也会迁移到社会工作和日常生活之中，在潜移默化中改善了自己的人际关系。因此，在当今社会，在社会交往与日常生活中，体育越来越显示出其交际沟通的强大功能与独特魅力。很多商务活动已从会议室、宴会厅转移到了运动场上，体育活动越来越成为公司增进感情、提高凝聚力、加强各方之间交流与沟通的有效手段，很多企业甚至把体育上升到企业文化建设的高度。在现代社会生活中，体育已成为一个重要的交际手段，每到周末或者节假日，同学聚会、朋友联欢、家人团聚，大有从餐桌上转移到运动场上的趋势，邀请他人一起运动越来越流行，越来越时尚。

四、现代体育比赛与欣赏

体育运动是人经过思考，有计划地向着一定的、事先知道的目标前进的创造性活动。一方面，体育运动的目的是为了增进人们的健康，丰富业余生活，发展人的个性；另一方面，可供欣赏。体育比赛是一种重要的体育活动形式，是根据一定规则进行的竞技性娱乐活动。竞技运动的欣赏在满足人们审美需要方面起着特殊的作用。余暇时欣赏体育比赛对人们来说可谓是一种享受和乐趣，要想最大限度地获得这种享受和乐趣，观看者应具有较高水平的体育欣赏能力。而这种能力的形成与培养取决于多方面因素的影响，一般来说，要欣赏一场体育比赛，应做以下几方面的努力。

（一）了解体育比赛的基本情况

了解体育比赛的基本情况，这是观赏体育比赛的首要条件。掌握必要的体育基本知识，才能看得懂，才能发表有意义的评论，所谓“内行看门道，外行看热闹”，其道理就在这里。体育比赛的基本情况包括比赛的规模、特点、制度、规则和体育运动的技术、战术等。

（1）比赛的特点：体育比赛是一种竞技运动，是为最大限度地发挥运动员个体与群众在体格、体能、心理和运动能力等方面的潜力，取得优异运动成绩而进行的运动竞赛。竞技的一个突出特点是具有强烈的竞争性，这种竞争又是以真实的直接对抗比赛形式出现的。由于环境、气候、运动员的竞技状况等诸种因素的综合影响，比赛场上瞬息万变，结果常常出人意料，会使人们产生强烈的惊奇感。竞赛场上的变化多端及结果的不可预测带来了竞技的新奇特性。

（2）比赛的制度：为了保证体育比赛统一方向和提高竞赛质量而制定的制度。我国的体育比赛制度由国家体委制定，其目的是对体育比赛的项目、时间、办法、性质作出全面的安排，使之有系统、有次序、有计划、有目的地顺利进行。

（3）比赛规则：为进行比赛制定的统一规范和准则。各项体育比赛均根据自身的特点制订出不同的规则。其内容包括：裁判员名称和职责；比赛组织方法；评定成绩、名次的方法和有关场地器材设备的规格规定等。

（4）体育运动技术、战术：运动技术是指符合人体运动的科学原理，能充分发挥人体的潜在能力及有效地完成动作的合理方法。运动战术，是指比赛双方根据不同情况，正确地分配力量和采取合理的行动，充分发挥己方的优势，限制对方特长，以此取胜的竞赛艺术。

（二）体育比赛的美学欣赏

体育是现代文明生活方式的一项重要内容。体育比赛之所以以它特有的魅力吸引着成千上万的观众，一个重要原因就是在于它能给人以美的享受。欣赏竞赛，能调节情感，愉悦身心，陶冶品性，满足一定的审美要求，是人们文化生活的重要组成部分。人们观看体育比赛不仅仅是为了看输赢，同时也是为了满足自身对美的追求。对体育美的欣赏大致有以下几方面。

（1）身体美：从运动员身体的角度，最容易直接看到美。总的来说，可以感受到一种健康美，由体型、体质、肤色、动作、姿势等组成的强壮有力、朝气蓬勃的生命力之美。运动员们经过锻炼而铸成的匀称、协调、漂亮的体型，是可以作为一种美的现象而感受到的；运动员们身体内部的生理机能发达而溢出蓬勃的生机，伴随着体内良好的新陈代谢而反映出的健康肤色同样为人们所仰羡而感受其美。

（2）技术美：运动员在比赛中表现出的技术从审美观点去看，也是一种艺术，它能给人一种美的感觉。观赏竞技，是以技术美为核心的。在运动员的技术中可以看到美，无论是个人的技术还是集体的战术，都以娴熟、优美，具有自己的技术风格为佳，都可以欣赏到这种技术美，技术美包括技巧美、统一美、力量美和适应美等要素。

（3）行动美：指运动员在比赛过程中采取的基本行为、态度的美。也就是说，表现的行为主动而热情，办事干脆，有把要做的事立即付诸实施的积极性，不拖泥带水；行动果断而敏捷，有在各种变化中迅速做出反应的能力。行动美可使人奋发向上，对生活充满热情，因而也是一种美的享受。

（4）道德美：竞技活动也关系到社会道德的美。在以优胜为目的的竞赛中，可以发现许多不拘泥胜负、亲密无间的情况，这也是友好交往的社会美德。在比赛中，焕发斗志的运动员表现出一丝不苟的美，行为上反映出遵礼仪、守纪律、有强烈的责任感、富有牺牲精神、团结协作的美好品德，这些都是人类社会需要提倡和发扬的美德。

（5）意志美：在比赛中，由于得分少而获胜可能性小的情况下，或在没有希望追上对手时，运动员却仍然一丝不苟地努力拼搏，毫不气馁，这是一种意志美的表现。同样，在竞赛中遥遥领先、毫无后顾之忧的情况，运动员以一丝不苟的认真态度贯彻始终，这也是美。这就是体育竞赛中应有的胜不骄、败不馁的“运动家风度”。

第二节　现代教育技术与高校体育教育

无论在哪所高校，体育教育都是高校体育教育的最主要的组成部分，信息技术的高速发展带来了现在教育技术的快速进步，将现代教育技术应用于体育教学，必然会使高校体育教育发生彻底改观。

一、现代教育技术的定义和基本特征

（一）现代教育技术的定义

目前，比较权威的定义有以下几种。

南国农教授的观点：“现代教育技术，是把现代教育理论应用于教育教学实践的手段和方法的体系。包括以下几个方面：

（1）教育教学中应用的现代化技术手段，即现代教育媒体；

（2）运用现代教育媒体进行教育教学活动的方法，即媒传教学法；

（3）优化教育教学过程的系统方法，即教学设计。

顾明远教授的观点：现代教育技术，“它是以教育学的理论为基础，运用现代科学技术成果和系统科学的观点和方法，探求提高教学效果的技术手段和教学过程优化的理论与方法”。

何克抗教授的观点：“现代教育技术是以计算机为核心的信息技术在教育教学领域的运用。”

李克东教授的观点：“现代教育技术就是运用现代教育理论和现代信息技术，通过对教与学过程和教与学资源的设计、开发、利用、评价和管理，以实现教学优化的理论与实践。”

综合国际上的研究成果并结合我国的实际，本研究把现代教育技术定义

为：现代教育技术就是运用现代教育理论和现代科技成果，通过对教与学过程和教与学资源的设计、开发、利用、评价和管理，以实现教学优化的理论与实践。突出“现代”二字就是为了强调要从现代的、发展的、全面的眼光来认识教育技术对教育改革的支持作用，强调要更多地注意探讨那些与现代科学技术有关的课题，吸收现代科技成果和系统思维方法，使教育技术更具有时代特色，更加科学化、系统化。

（二）现代教育技术的基本特征

1.以现代教育理论为指导

现代教育技术的产生是基于现代教育理论的，在运用教育技术的过程中必须以现代教育理论为指导，特别是针对当前教育教学过程中，只重视知识传授，不重视能力和全面素质的培养，以教师为中心，忽视发挥学生学习主体的作用，忽视对学生进行认知信息加工和意义建构的指导等主要问题，必须明确当前指导教育技术发展的基本理论观点：教育技术的应用，要能激发学生学习的兴趣，建造学生可参与的环境，充分发挥学生学习主体的作用；教育技术的应用，应把传授知识和发展智能与素质培养统一起来，重视发展性教学；教育技术的应用，应能引导学生通过发现、探究和意义建构的途径获取知识，注重对学生认知方法的培养。

2.以各种现代信息技术的综合运用为特点

现代教育技术要充分利用各种现代信息技术的研究成果，以实现教育信息化，这也是教育现代化的必由之路。随着科学技术的进步，应用于教育和教学过程的信息技术也在不断地发展，它包括音像技术、卫星广播电视技术、计算机多媒体技术、互联网络通讯技术、人工智能技术和虚拟现实仿真技术等。

3.以追求教育的最优化为目的

现代教育技术强调运用系统科学的方法、观点分析、解决教育教学问题，并追求教育教学效果的最优化。教育媒体的现代化不等于教育教学的最优化，即使使用了最现代化的教育媒体，也并不一定能提高教学质量、使教育教学达到最优化的境界。如果在使用现代化教育媒体时，依然采用落后的教学方法与教学模式，只是向学生灌输知识，那么，就从原来教师的“人灌”变为“机灌”，甚至“人机共灌”，反而加重了学生的负担。现代教育技术作为一种新型的教育方式，它不但重视信息化教育环境的建设，而且重视通过系统设计，合理配置教育过程中的各种资源。包括选择和排列最优的教育目标、选择和使用最优教育效果的测度、选择和采用最优的教育教学活动和选择最优的教育环境等，以实现教育最优化。

总之，现代教育技术是指运用现代教育理论和现代信息技术，通过对教与学过程和资源设计、开发、利用、评价和管理，以实现教学优化的理论与实践。其核心内容是从教学整体出发，运用系统的方法，优化资源配置，优化“教与学”过程，达到最佳学习效果。它突出“教与学过程”和“教与学资源”，其重心和立足点定位在学生的学，目的是促进学生的学习，充分体现教师的主导作用和学生的主体地位。现代教育技术参与教育改革，所要解决的问题涉及教育的各个层次，包括教育规划、课程开发、教学设计、教学评价、教学管理等，主要从教育的整体、教学的全过程来促进改革。应该认识到，教育技术不只是应用科学的技术手段和工具，更重要的是应用现代的科学理论和方法。

二、应用现代教育技术深化高校体育教育改革的必要性

（一）现代教育技术是提高体育教育质量的必要手段

现代教育技术就是提供先进的技术手段促进课堂形式的多样化，老师通过现代技术可以改变现在固定的、单一的授课模式，使得课堂的形式与氛围更加活跃，增强学生的主动性。同时现代技术应用于体育教育中可以帮助学生及时掌握世界先进的比赛，增强他们的实战感。比如篮球专业的学生通过电视直播可以清晰地观看NBA直播，及时地了解现役球员的技术与比赛规则。再者，体育教育在传授上还存在一些动作、技术上的难点，而有的教师由于年龄等原因不能亲自给学生示范，而通过现代技术可以于克服教师技能、动作难度等原因对示范动作效果的影响，进而减轻教师的负担，使教师能将更多的精力用于教学研究和课件建设，不断提高自身素质和教育教学水平。

（二）现代教育技术是实现体育教育现代化的主要途径

目前我国教育改革的目标就是要实现教育现代化，而体育教育作为教育的一部分，它的改革方向也要实现体育教育的现代化。体育教育现代化的目的就是实现体育人才的全面发展，通过现代教育技术可以增强体育专业学生的现代技术

运用能力，促进他们思想观念的进步，实现教师对于知识结构的优化配置，达到体育教育现代化发展的要求。

（三）现代教育技术是促进体育教育可持续发展的有力工具

体育教育要想实现全面的发展必须要有健全的人力资源制度，加大对于体育人才的培养与引进。现代体育现代技术是实现体育人员培养与引进的关键手段。具体表现在：①改变教师传统的教学观念，由过去的学生被动学习转化为主动地学习；②改变教师的教学手段，促进他们教学能力的进步；③优化教师知识结构，现代技术的应用需要多方面的知识作为基础，高校体育教育要实现技术教育，就要提高老师的知识修养，拓展他们的知识面。

三、现代教育技术对高校体育教育改革的影响

（一）冲击传统的高校体育教育观念

首先，从教育观念方面来看，现代教育技术的存在在很大程度上改变了教学的时空观念，在时间上打破了传统班级统一授课的时间限制，使得高等教育不断推向终身教育方向，突破了学校围墙的限制，走向全世界。其次，从人才观念方面来看，传统的人才培养具有一定的整齐性特征，体育教育专业细化十分明显，譬如说学生在进入大学二年级之后就开始划分专业，将整个体育专业划分为田径、篮球、武术和健美操等专业，格外注重技术教育，忽视学生的全面发展。随着以信息技术为基础的现代教育技术的广泛应用，这种精英主义的人才观已被现代教育技术带来的大众化观念所取代，有的发达国家大众化观念甚至又因其现代教育技术的高度现代化而被普及化观念所取代。在我国，现代教育技术应用形成了新的人才观培养具有一定信息素养的、知识和能力充分发展的“创新型”的一专多能的“通才”型人才。

（二）加快高校体育教育内容的改革

现代教育技术的应用使得人类的阅读方式、书写方式、计算方式都发生了变化，从不同途径获取、利用信息资源的能力成为对学生的第一素质要求，这就要求教育内容需做相应调整，注重培养学生的信息能力，如在体育理论课的教学中，有意识地增加学生如何在网络资源上搜索体育信息的内容。另一方面，现代

教育技术遵循系统原理从涉及教育的各个因素设计教育过程，达到优化教育的目的。因此，它能根据实际需要，组织结构性强的教育内容，如它可在单纯身体素质的教育内容中渗透健康、卫生、保健、营养等方面的内容，满足学生对知识相关性、连续性的要求，并能使学生根据自己的特点形成个性化的学习环境。

（三）促进高校体育教学方法的改进

一直以来，由于受到应试教育的影响，高校体育教育难以受到应有的重视，所以导致很多硬件设施并不能够达到相应的要求，所以教师难以在有限的时间当中满足学生的多样化需求。但是，伴随着当前现代教育技术的不断深入，尤其是多媒体技术的不断发展，使得教学课程发生了较为显著的变化，从根本上打破了学生单向获得知识的渠道，在客观上开拓了学生的视野。譬如说，多媒体能够帮助教师准备一些较为生动直观的经典教案和案例，使得声音、色彩、文字和情景能够集合在一起，为学生提供充分的感知材料，极大地提升了学生的参与热情。

（四）提高高校体育教育管理水平

在传统的教学评价管理工作当中，主要依赖的是手工记录的方式，这种方式不仅造成了人力资源的极大浪费，还会使得资源利用不够充分。伴随着信息技术的发展，高校体育教育在信息收集、组织和加工、传输等环节，更加具有规范性和完整性等特征，使得管理过程当中可能存在的复杂的计算在短时间之内得以实现，从而将管理效率提升到一个崭新的层面上。譬如说，在对于学生体育成绩进行管理的时候，可以有效利用计算机软件，或者是根据高校自身具体状况，开发出来相应的学习成绩管理软件。对于体育教师来说，其主要任务就是准确录入学生的各项测验或者是考试的原始成绩。通过这样一种方式，能够减轻体育教师的工作负担，有效提高工作效率，并且也在客观上帮助完善了学校对于学生体育课程成绩的管理和对于学生成绩的查询工作。

四、应用现代教育技术深化高校体育教育改革的对策与建议

（一）转变观念，提高认识

原国家教育部部长陈至立在《应用现代教育技术，推动教育改革》一文中

指出："要深刻认识现代教育技术在教育教学中的重要地位及其应用的必要性和紧迫性；充分认识应用现代教育技术是现代科学技术和社会发展对教育的要求，是教育改革和发展的需要。"技术手段再先进，如果缺乏与之相适应的思想观念的指导，仍难以起到其应有的作用。因此，要想运用现代教育技术深化高校体育教育改革，就必须首先转变教育思想，更新教育观念，切实提高对现代教育技术的认识。就当前来说，迫切需要解决的是：

1.摒弃教育技术"从属论"的错误观念

现代教育技术运用于教育领域，绝不仅仅是改善了教育环境和教学条件，提高了教学质量和教学效果，更重要的是对传统教学形式乃至教育理论产生冲击，使教学形式由封闭式向开放式转变，使学生的学习由被动式向主动式转变，使教育思想由以传承性教育为主向创造性教育为主转变等。总之，现代教育技术的运用决不是一个纯粹的技术问题，而是以教育技术的发展为先导，促进教育思想、教育理论、教育观念、教学形式等的更新，最终实现教育的整体变革。

2.改变以"教"为中心的错误认识

以网络和多媒体为核心的现代教育技术，其本质特征体现为交互性、开放性、非线性和人本性，因而其运用于教育和教学，主要贡献是对学生学习的改善，使学生的学习由被动转向主动，在选择和获取信息资料、相互讨论和交流等方面为学生提供便利途径。因此，要使现代教育技术物有所用、用有所值，就必须扬弃以"教"为中心的传统观念，多从学生的"学"上考虑问题，把改善学生的学习作为现代教育技术应用的着眼点。信息化建设必须要认识到位，要有超前意识，要大力进行宣传和推广，通过建立现代教育技术应用的示范课程或精品专业，提高认识，调动大家的积极性，重视现代教育技术在高校体育教育的应用。

（二）抓好现代教育技术应用环境的建设

首先，从硬件条件方面来看，应当积极创造条件，以此来建立健全满足体育教学需要的多媒体教室，使得体育教育的改革不断沿着现代化的方向稳步发展；还应当重视校园网和电子阅览室，不断加大涵盖各级教育的信息资源的开发。

其次，从软件方面来看，要健全与硬件设施相配套的应用软件系统。从当前我国一些高校的实际情况来看，尽管在硬件建设方面取得了一定的成果，其中装备了很多现代教育技术的设备，但是由于应用软件建设有些匮乏，使得很多先进的设备也不得不闲置，难以发挥其真正的价值，甚至会带来一定的资源浪费。因此，应当实现软件和硬件的齐头并进，既可以通过购买的方式引进软件，也可以根据学校自身的技术条件来实现自我的开发。

（三）做好体育师资队伍建设工作

邓小平同志指出：“一个学校能不能为社会主义建设培养合格的人才，培养德智体全面发展、有社会主义觉悟的有文化的劳动者，关键在教师。”联合国教科文组织的文件中指出：“教师是变革的动力，是促进东西方之间、南北之间相互了解的桥梁，是塑造新一代思想的积极参与者。人类从来没有像今天这样痛切地感悟到教师在这些方面的重要作用。”可见教师在教育及教育改革中的重要地位。因此，深化高校体育教育改革，仍然要把师资队伍建设当作基础来抓。从前面的分析可知，目前我国高校体育师资存在学历偏低、观念落后、专业知识老化且结构不合理、数量不足等问题，如何利用现代化的技术手段来改善这种状况是值得探讨的问题，本书认为可通过以下三个方面加强体育师资队伍建设。

1.重视职前教育

一般来说，教师的职前教育主要在师范类院校完成，师范教育对于教师基本素质形成起着特别重要的作用。一方面师范类体育院校应树立大师范教育观念，突破封闭的办学体制和学科壁垒，构建开放的大师范教育体系，加强与综合大学、文理科大学的交流，通过联合办学、合作办学等形式实现资源共享、信息与师资的扩充，提升师范院校的办学活力和创新水平。另一方面师范类体育院校应充分利用网络资源多办本科及研究生班或函授班，通过远程教学，扩大研究生数量，提高体育师资的学历水平，扩大体育师资队伍。还有，部分普通高校也要创造条件试办或联办体育专业研究生班，这样不仅可以改善体育师资的知识结构，同时也能相应地扩大体育师资的数量并提高体育师资的学历水平等。当然，这项工作并不是某一个普通高校能独立完成的，不仅需要国家体育学位委员会的支持与协助，还需要这些学校与师范类体育院校积极合作，提高体育师资的质量，保证培养的师资是适应时代需要、知识结构合理的复合型师资队伍。

2.加强职后教育

科学技术的迅速发展，新知识、新技术、新信息层出不穷，知识老化周期日益缩短。“一次性教育，终身受用”的观念已无法适应时代的要求。如何满足社会发展对新型人才的培养需求，适应经济、科技和社会协调发展的需要，不断的学习是必须的，只有不断地学习，才能在速变的时代中生存、发展和成功。职后教育的目的在于使在职的体育教师不断学习本学科有关的新知识、新技术，并使他们有机会了解本学科的最新发展趋势。应用现代教育技术可促进职后教育的开展，特别是第二代中国教育科研网的启动，给教师的职后教育提供了平台。①拓宽了职后教育的途径。教师可以充分利用传真、电话或互联网等现代教育技术手段，与相应的教育学院、教师进修院校、体育院校、师范院校等联系，通过远程教育的形式（不仅经济方便、覆盖面大，而且能较好地解决教师工作与进修的矛盾）不断拓宽职后教育的途径。②提供了自主学习的环境。教师可以利用闲暇和网上丰富的信息资源，通过自主学习，丰富体育专业知识，增强教育科学理论知识，扩大文化科学知识，不断提高教育教学能力、观察分析能力、指导能力和科研能力等。③促进了教师间的交流与合作。现代教育技术中包含的网络技术和通信技术，为教师之间开展交流与合作提供了方便快捷的工具。利用这一工具，教师不仅可以实现校内同伴之间的交流与合作，还可实现跨学校跨地区甚至更大范围内的交流与合作，从而获得教师和个人与集体的共同成长与发展。

3.加快职前和职后教育的沟通

师资队伍建设是一个系统工程，单纯的依靠职前或职后会隔裂教育的系统性，因此，应加快职前和职后教育的沟通。以终身教育理论为指导，重视设计师范生的培养标准，加强重点学科建设，加大教育实践的份量，并进一步开发和建设既体现师范性特点、又有较高学术性的专业课。借助“现代远程教育工程”的实施，以现有中国教育和科研计算机网络及卫星视频传输系统为基本，充分利用现代信息技术与现有教育资源，形成覆盖全国城乡的社会化、开放式现代远程教育网络，建立学校和社区学习中心，加强教育资源库和网络课程建设，实现职前和职后教育的沟通。

（四）重建高校体育教育评价体系

首先，从体育教育目标的设置方面，应当确认的是教育目标是进行教学评价的重要依据，目标的合理性会在很大程度上决定着评价的成败。因此，关于目标的设定不仅要具有层次性，还应当具有整体性的特征，实现各个要素之间的紧密联系。

其次，关于评价方法的确定，要具有一定的分解性。根据当前我国高校的实际状况，笔者认为所能够采用的评价方法主要有以下几种：其一是统计分析法，主要强调的是根据被评对象的实际状况进行相关的概率统计，对高校体育成果进行量化分析；其二是文件袋法，其主要是将评价对象在知识、技能、能力等方面所取得进步的相关原始资料放在一个文件袋中，以此来对于主体进行评价。

最后，是对结果的科学解释，在这里要坚持一个基本原则，就是客观性、相对性和参考性，要求所给出的评价结果是对学生最为真实和公平的判断。由于学生主体本身存在差异性，并且其成长环境、身体素质等方面都存在着诸多的不同，所以在实际评价的过程当中一定要尊重这种差异性。

第三节　体育运动训练的概念和特点

一、体育运动训练的概念

运动员在赛场表现出来的高水平竞技能力以及优异运动成绩的取得，不是他先天就具有的，而是在运动训练过程中经过长年累月的艰苦拼搏得来的。

那么什么是体育运动训练呢？不同的专家、学者对此各有说法，站在不同的角度去阐述都有其合理性。

体育运动训练有狭义和广义之分。狭义的运动训练是指“最大限度地挖掘和提高人的体力和智力，以获得更好的运动成绩的一种有组织的教育过程”；广义的运动训练是指“运动员为创造或保持专项运动最高成绩所准备的全过程”。

目前，在国内被普遍接受的定义是：“为了提高运动员的竞技能力和运动成绩，在教练员的指导下，专门组织的有目的、有计划的体育活动。”

可见，教练员和运动员是运动训练的主体。由于教练员是运动训练计划的制定者及运动训练活动的组织者与指导者，说明教练员在运动训练活动中起主导作用。

随着运动训练实践的发展，人们对运动训练内涵与外延认识的深化，越来越多的人认识到，现代的运动训练已经不是原来理解的仅仅局限于运动场上所进行的那种运动训练。现代运动训练，除了运动场上进行的训练以外，还应涵盖运动员选材、运动竞赛以及竞技体育的宏观规划与管理等。这四个各自独立而又相互紧密联系并在一定程度上彼此交叉的分支学科，组成了竞技体育活动的完整体系。因此，当代运动训练理论的研究可以明显地分为两大流派：一派以俄罗斯、德国和中国为代表，学者们注重理论研究的严谨与理论体系的完整，偏重宏观层面的研究；另一派以美国为代表，学者们把注意力更多地投向单学科研究的深入以及具体运动项目训练方法的实用性，偏重微观层面的研究。

根据实际情况我们将运动训练界定为："为了提高运动员的竞技能力和运动成绩，以教练员为主、以相关人员配合为辅，专门组织的有目的、有计划的运动训练实践活动和日常班队管理活动。"

二、体育运动训练的特点

体育运动训练自身有着较为显著的特点，这些特点能够在一定程度上体现出其本质。具体来说，主要表现在以下几个方面。

（一）有着专一的训练目标和多向的训练任务

体育运动训练的目的主要是创造优异运动成绩，因此，训练目标上具有专一性，以及训练项目、内容上有专门性是其主要体现。随着现代竞技运动的快速发展，比赛竞争越来越激烈，对运动员各种能力要求也相应地越来越高。事实上运动员难以同时在不同性质的项目上都达到世界先进水平，究其原因，主要是由于每一个运动项目对人体运动能力都有特殊要求，也因此必须在全面训练的基础上以不同训练阶段及运动专项的特殊要求为主要依据来采用各种手段发展专项特殊需要的运动能力。这一点对于高水平运动员训练来说尤为重要。在运动训练中，虽然各运动项目及内容具有专门性，但是，对于有利于专项运动能力提高的其他项目的训练内容和手段并没有出现排斥的现象，而是要认真分析各种内容和手段对提高专项运动能力的作用，包括直接作用、间接作用、长期作用、短期作用等。由此可以看出，都要以不同项目的特点和不同训练阶段的具体任务为主要依据来进行有针对性的选择和运用。因此，运动项目、内容的专门性不仅是指专项本身，也是从运动训练目的和可能性上来讲的。

虽然运动训练有明显的专项的专一性，但具体训练任务方面却是多向性的。运动训练的任务有训练因素方面的训练任务和非训练因素方面的训练任务之分。但是，不管是哪一种任务，都要通过科学有效的运动训练来完成任务。

（二）有着复杂的训练内容和多样的训练方法与手段

体育运动训练功能和任务是多样的，训练过程是复杂的，同样，复杂性的特点也在运动训练内容方面得到体现，因而与此相适应的训练方法与手段也丰富多彩。由此看来，现代训练中对训练内容、方法和手段的优选就显得非常重要。

运动训练手段、方法多样，而每种手段方法对于人体作用都较为特殊。在运动训练的不同阶段、不同时期，训练要解决的具体任务并不相同。这种具体任务的多样性就从很大程度上对训练手段内容的多样性起到了重要的决定性作用。运动训练以身体练习为基本手段，要提高运动能力，那么就必须进行各种身体练习。而在具体的训练实践中，不仅要以不同任务为主要依据来有针对性地选择运用最有效的手段和方法以达到提高训练效果的目的，同时，还要采用多种手段、方法达到同一目的，从而使运动员的兴趣得到有效的提高，并且使其能够更加主动、自觉、积极地参与到运动训练中去。

（三）训练安排有着较强的科学性与计划性

现代体育竞赛日趋激烈，胜负之间差距非常小。要想获得胜利，就必须通过各种科学的训练理论、方法和手段尽可能地去获得哪怕微小的优势，否则达不到取胜这一最终目的。现代训练是一个高度科学化的实践活动过程，运动竞赛慢慢会演变成各个国家科技水平的竞赛。现代训练的科学化水平越来越高，其科学性主要体现在运动训练的计划中，教练员、运动员实施训练以训练计划为依据，没有计划的训练，不过是一种盲目散漫的训练；但是有计划而安排不科学，也难以达到最高的训练成效。因此，运动训练安排的科学性和计划性是取得理想训练效果的重要保障。

（四）有着长期的训练过程和系统的训练安排

运动能力提高过程是运动员有机体对训练刺激产生适应并由量变到质变的

过程，这是本质上的一种体现。在运动训练中，没有长时间量的积累，就不会有质的变化和提高。运动训练，想要培养出优秀运动员并使其创造优异运动成绩，必须有多年的系统训练。尽管不同的运动项目要达到优异运动成绩所需的训练时间有所差别，但是从整体上看，大多数项目要达到这一目的所需要进行系统训练的时间往往都是十年左右。而在这个长期的训练过程中，须对影响训练的多种因素加以长期系统的科学控制，并通过阶段目标实现来促使预期总目标的实现。

（五）运动员竞技能力结构追求针对性和整体优化

运动员的竞技能力都是由体能、技能、战术能力、心理能力及运动智能构成的。但是，不同项目运动员竞技能力的构成各有自己的特点与侧重，而不同运动员竞技能力的结构也各有自己的特色与风格。

每一个运动员如何构建具有自己特色的、优势显著的竞技能力结构整体，是训练中应认真分析和解决的重要问题。对各项目运动员、各运动员的主导竞技能力和次要竞技能力要进行客观的分析，正确安排各种能力的发展水平，使协调配合，构成运动员最佳的综合竞技能力。同时，还需要发挥各能力之间的相互促进、相互制约、相互补充、良好发展的作用，让优势子能力在一定程度上对发展滞后的劣势子能力产生补偿作用。

（六）参与训练的个体性与训练安排的针对性

体育运动训练中，运动员基本都以个体为单位参与，在个体参与的基础上然后才形成群体间的协调配合。所以运动员个体的机能和运动状态就十分重要。在运动训练中，对运动技术水平的提高、优异运动成绩的取得起到重要的决定性作用的因素有很多，其中，比较主要的有运动员个体的形态、机能、运动素质，还有技战术掌握程度和心理发展水平等方面。运动员个体间在这些方面有很大差异，所以运动训练中要利用、发挥每一名运动员的优势，弥补不足；必须从每一名运动员的实际状况出发，用各种有效的手段和方法有针对性地进行科学训练。如此才能使训练刺激更有成效地作用于运动员，使运动员的各种能力得到提高。运动训练过程要重视区别对待，其反映在训练目的任务的确定、内容手段的选择、方法的应用以及负荷大小的安排等方面。只有针对性强的训练刺激，才会将运动员的潜力最大限度地挖掘和发挥出来，从而使运动员的训练水平得到有效的提高。但是这里要强调的是，针对性并不是否认群体训练中特定的训练过程和时间，练习形式、内容、方法安排上的一致性。

（七）有着极限的训练负荷和应激的负荷安排

现代运动训练负荷越来越大，有超越运动专项需求的趋势，因而对运动员的训练要求也越来越高。一般来说，运动训练要求将人体机能的潜力最大限度地发挥出来，人体运动能力的提高是人体适应能力的提高。想要提高人体适应能力，那么就必须最大限度地通过各种运动应激刺激作用于运动员机体，若是没有最大限度的运动应激刺激，不将运动负荷推到最高应激水平，就难以最大限度地提高人体对运动训练和比赛的适应能力，也不能使运动成绩达到最高水平。只有运动员具有承受高水平负荷的能力，才能拥有高水平的运动成绩。专项运动成绩实际是运动员对专项负荷强度的承受能力，而承受负荷强度的能力越高，显然运动成绩就越好，反之就越差。也就是训练中运动员不能承担大负荷乃至极限负荷的训练的话，就不可能成为一名优秀的运动员。因而在运动训练中就要求以机能适应规律为主要依据逐渐加大运动负荷直至最大负荷，从而保证运动负荷的适宜性和增加的科学性。

（八）训练效果的表现性与表现方式的差异性

体育运动训练的效果主要是指运动成绩提升与否。训练的效果以及通过训练提高的运动技术水平和成绩的表现形式主要是比赛。一般来说，在正式比赛中表现出来，才会得到社会的认可。而且，要明白只有在最重大比赛中创造出优异运动成绩才最有意义，才能将竞技运动的社会价值充分发挥出来。在运动训练中，既要着眼于运动员竞技能力的培养与提高，又要加强培养运动员的比赛能力，以争取把平时通过训练已经具有的运动能力在最重大的比赛中表现出来。换句话说，就是在运动训练的过程中既要着眼于竞技能力的提高，又要根据长期、近期参加比赛的安排，进行科学的训练。运动成绩要通过一定方式表现，但是，由于不同运动项目的比赛方式不同，因此其运动成绩的表现方式也各不相同，有的用功率指标表现，有的用比分表现，也有的用评分方式表现。这些表现形式都有十分严格的规则和制约条件。

（九）现代科技对运动训练的全面服务

随着竞技体育的迅速发展，竞技体育运动水平的提高，与越来越多的学科发生紧密的联系，如生物学、医学、力学、化学、数学、计算机科学、决策科学、人文社会科学等，各种不同的科学学科、科技理论、科技思想、科技方法与仪器器材在竞技体育领域发挥着各自的影响和作用。特别是运动员各种竞技能力的提高，都在很大程度上借力于现代科技的帮助与支持。在运动员训练全过程的每一个环节，即运动员状态诊断、训练目标的建立、训练计划的制定、训练活动的组织实施、训练效果的检查与评定、训练状况的反馈调控、直至训练目标的最终实现，无一不广泛地应用着现代科技的成果。

第四节　运动训练的内容和基本原则

一、体育运动训练的内容

（一）身体训练

身体训练是指在运动训练中动用各种有效手段和方法，增进运动员身体健康和身体活动能力、提高机能能力，改善体型，全面发展身体素质和身体活动能力。

身体训练的内容包括一般身体训练和专项身体训练。

1.一般身体训练

一般身体训练是指采用多种多样的手段和方法，增进运动员的健康，促进其正常生长发育，改善身体形态，提高各器官系统的功能，全面发展身体素质，为专项身体训练打下基础。

2.专项身体训练

专项身体训练是指采用与专项有紧密联系的专门性的身体练习，进一步提高运动员的机能能力，发展专项身体素质，改善体型，以保证运动员掌握专项技术、战术和比赛中取得优异成绩。

3.两者的关系

一般身体训练是专项身体训练的基础，专项身体训练是专项技战术训练和比赛的需要。两者既有联系又有区别。它们都是为实现身体训练任务、提高运动技术水平服务，所以，必须密切结合，全面安排与进行。

（二）技术训练

技术是指能充分发挥运动员机体能力的合理有效地完成动作的方法。

运动技术合理有效是相对的，不是绝对的。由于各项技术都在不断地创新，新的技术不断代替旧技术；个人特点的差异，技术的合理与有效是有区别的；教法的不断革新、运动素质的提高，技术也在不断发展变化；器材设备的改进和完善，出现了新的技术。因此，不能固定不变的看待运动技术的合理和有效。

在体育运动实践中，还经常运用运动技能和运动技巧两个概念。

1.运动技能

运动技能是指按一定技术要求完成动作的能力。

2.运动技巧

运动技巧是指运动技能进一步深化，形成了动力定型，达到高度准确，熟练自动化程度，能够运用自如。其显著特点是：

（1）动作连贯可靠。表明运动技术的掌握已达到高度熟练和可靠程度。

（2）动作自动化，不需要对动作的细节经常有意识地进行检查。这样，首先减缓了控制动作最高机制的机能活动；其次，有助于把注意力和思想转移到动作的效果和完成动作的条件上（如篮球比赛中对手的阻拦等）。动作自动化并不是没有意识参加，而这时候的意识不是控制动作，而是起到检查、调整作用，或把注意力集中在最主要的技术环节上。

（3）形成了与动作有关的特殊“感觉”。如游泳、跳水运动员的“水感”，球类运动员的“球感”，冰上运动员的“冰感”等。

（4）表现出动作的高度稳定性。在一些不利的情况，都能高度保持动作的有效性。如在心理状态异常、体力下降（包括疲劳和身体不适）、外界条件不好（环境、气候）和其他的妨碍（如对手的阻挠等）情况下，都能有效地完成动作。

（5）技能的可变性强。能很快地掌握如已形成的动作技能有关的各种动作。

3.运动技术的意义

在运动训练中掌握运动技术对完成训练任务，创造优异的运动成绩有重要意义。

（1）技术训练是运动训练的重要内容之一。

为了在比赛中发挥运动员的潜力，创造优异的运动成绩，必须在日常的训练中十分注重技术训练，使运动员掌握的各种动作都要符合技术要求。如果技术上存在不合理的现象或有错误，那将成为影响成绩提高的主要障碍。特别是在一些动作复杂多样，协调性要求高的运动项目中，技术的作用就更为重要。如体操、花样滑冰、球类、跳水等。

（2）掌握合理有效的技术更有利于发挥身体训练的效果。

高度运动成绩的取得是各种训练因素发展的结果，而且各种因素又是相互促进、相互补充的。其中身体训练与技术训练的关系更为密切，良好的身体训练成果往往在合理熟练的技术上表现出来。如果技术掌握得不好，身体训练水平虽然很高，也不能取得好的成绩。这样的事例在运动实践中是很多的。

（3）掌握技术才能运用各种战术。

技术是战术的基础，没有技术也就谈不上战术。技术掌握得全面、多样，更有利于运用多种战术。技术掌握得扎实、熟练，可以提高运用战术的质量。

（三）战术训练

1.战术

在体育学中关于战术的定义有多种。

田麦久对战术的解释是，运动员或运动队在比赛中为表现出高超的竞技水平，或战胜对手而采取的计谋和行动叫做比赛的战术。

徐本力对战术的定义是，为战胜对手而在赛前制订并在比赛中灵活运用的比赛计谋、行动与方法，也就是根据双方的情况、正确地分配力量，充分发挥己方特长、眼制对方特长，为战胜对手而采取的合理有效的计谋、行动与方法。

战术的形成是在运动员具有一定的身体训练和技术训练基础上，根据比赛需要通过训练而形成的。战术发展对运动员身体和技术不断提出新要求，并在一定程度上影响身体素质、技术、心理的发挥与运用。同时，在集体性、对抗性项目中，战术往往是夺取胜利的关键；在双方实力接近的情况下，谁的战术水平发挥的好，谁就能夺取胜利；在一定情况下，战术运用成功，还可能以弱胜强，反败为胜。战术对一些非对抗性项目也有一定的作用，如中长跑的体力分配及抢先或跟跑战术，跳高的免跳高度等。

2.战术训练

战术训练是指在教练员指导下，运动员学习掌握集体或个人正确地分配力量，发挥我方特长、限制对方特长的发挥，所采用的在比赛中争取优胜的计策与行动的训练过程。

3.战术训练的要求

（1）重视运动员战术意识的培养。

战术意识是指运动员在比赛的复杂多变和困难的环境下，及时准确地观察到场上情况，迅速而准确地决定自己的行动及与同伴配合的能力。战术意识的培养，是战术训练的中心环节。通过战术训练，要提高运动员对战术行动的影响和认识，理解战术意义、战术实质，提高研究运用战术的自觉性。

（2）基本战术训练与多种战术训练相结合。

首先是熟练掌握一两套反映本队独特风格的基本战术，其次是在此基础上逐步建立起多种成套战术体系，使基本战术训练和多种战术训练相结合。课余运动训练，应以基本战术训练为主，并在较熟练地掌握基本技术的基础上进行战术训练。

（3）战术训练要有实战性。

根据临场比赛的要求，战术训练应在比赛的条件下进行，使战术训练同比赛一致起来，还应在困难条件下进行训练。例如，可采用以少防多、以少攻多，增加进攻或防守的难度和对抗性；要求攻防遇阻时灵活变换战术，以及在不良的场地设备、气候条件下进行训练等方法，以培养和提高实战能力。

（4）战术训练要循序渐进。

初学战术时，条件要简单些，难度低些，在运动员理解战术意图、战术结构之后，再提高学习的难度，增加对抗因素。

总之，战术训练应建立在身体训练、技术训练基础上，从运动员的身体和技术特点出发，同身体训练和技术训练结合起来，使战术训练更切合实际。

（四）心理训练概述

心理训练是指通过各种训练手段，有意识地对运动员心理过程施加影响和训练的过程。心理训练的过程同时也是运动员学习调节自己心理状态各种方法的过程。通过心理训练，使运动员获得最佳心理状态，以便在竞赛中取得优异的成绩。

随着训练科学和训练实践的发展，人们对心理训练的意义认识更加清楚。过去人们习惯的认为，训练、比赛主要是消耗身体能量，如有良好的运动素质和熟练的技术，在比赛中就能取得理想的成绩。而现代科学证明，在训练和竞赛中不仅要消耗身体能量，而且也要消耗心理能量，如平时没有良好的心理训练，而只有良好的身体和技术训练，那么在比赛中也很难取得良好的成绩。有人提出比赛的成功率30%归于心理，70%归于其他。

在运动训练和比赛中，要求运动员有专门化的知觉，丰富的想象力，高度的注意力和思维能力，善于冷静思考，才能完成训练和比赛中的任务。而这一切能力都需要经过长期的，有计划的心理训练才能获得。

通过长期的心理训练，可使运动员学会控制和调节比赛所需要的心理训练状态。我们在实践中常常看到不少运动员有这样的情况：如运动员有时在赛前精神状态良好，情绪稳定，对完成技术动作感到很有把握，认为比赛一定能够成功，在比赛中做起动作来果然得心应手，轻松自如，结果事事如意，比赛成功；有时，赛前精神抑郁、焦虑不安、胆怯，对比赛缺乏信心、怕失败，结果很不如意，果然失败。有些运动员在比赛中对穿什么样的鞋、什么样的服装都很计较，这些都是心理因素。在很多情况下，心理因素可以左右比赛的胜负。如果在平时加强对运动员的心理训练，学会控制调节心理过程，使赛前的心理状态处于最适宜的程度，这样不但不会因心理因素导致比赛的失败，而且还会促成比赛的成功。

心理训练可以培养训练和比赛中必不可少的果断行为和顽强的意志品质。过去有人认为心理训练是属于思想教育的范畴，思想教育可以代替心理训练。随着训练科学和训练实践的发展，愈来愈清楚的显示出，心理训练与思想教育两者既有联系又有区别。

心理训练与思想教育表现在很多训练内容上是一致的，如各种意志品质、情感思想作风的培养等。区别表现在，思想教育主要培养运动员的世界观，我国的运动训练要通过各种教育形式和措施，培养运动员世界观，随着世界观的形成，各种道德作风，思想感情，意志品质不断得到改善，在训练和比赛中把精神力量变为物质力量；而心理训练主要通过专门的心理训练手段、方法培养运动员的心理品质。因此，二者不能互相代替，必须互相配合，共同完成训练任务。

（五）智能训练

1.运动智能

作为一种重要的能力，人的智能是以其智力水平为基础，运用所掌握的文化理论知识从事工作或劳动的能力。

运动智能是人类智能中的一种特定类型，专指运动员以其智力水平为基础，运用所掌握的全面知识，特别是体育专业理论知识参加运动训练和运动竞赛活动的能力。

运动智能是运动员总体竞技能力的重要组成部分。运动员专项运动智能的高低与其一般智力水平有着密切的关系。心理学家们把智力归属为人类心理能力的重要内容，包括观察力、注意力、记忆力、思考力及想象力。而专项运动智能涉及到专业理论知识的学习与掌握，更与专项运动训练实践密切联系。

2.智能训练的内容

智能训练的内容包括理论知识教育和能力能力培养两个方面。理论知识教育主要是学习文化科学知识、体育卫生基础知识、体育教学和训练的一般原理、专项运动理论与技术、战术知识。智力能力培养包括培养观察能力、接受信息能力、思维能力、想象能力、分析问题与解决问题的能力。

3.智能训练的要求

（1）智能训练应列人训练计划，并占有一定比例，保证有目的、有系统地进行。

（2）提高运动员对智能训练的认识，自觉地参与智能训练，提高智能训练的实效性。

（3）智能训练可采用多种方法进行，如讲授有关的理论知识，技术分析，写训练日记，组织讨论，赛后小结等。如有条件，还可利用幻灯、电影、录音、录像等现代化手段，以提高智力训练的效果。

（4）逐步建立智能测试评定的制度和方法，如理论知识水平的考核，采用专门措施测定运动员的感觉、观察、综合分析、记忆、判断能力，并制定相应的评价标准等。

（六）恢复训练

恢复训练，是指使用合理的恢复手段和方法，加速消除运动员体力和精神上的疲劳，使机能活动能力得到恢复和提高。

1.恢复训练的意义

在运动训练中之所以必须进行恢复，是因为有机体经过紧张激烈地训练，机体中的能量物质必然要消耗，机体产生疲劳，机能水平逐渐一下降。根据恢复和超量恢复的原理，当运动结束后，机体能量物质必然要得到恢复和超量恢复，使机体机能水平提高，为提高运动成绩创造物质基础。

此外，由于各种原因，运动员在训练过程中，很可能产生一些运动性疾病，其中有些疾病又不一定马上觉察到。如能在大负荷训练后，合理地使用一些恢复的手段和方法，消除疲劳的积累，就可预防运动性疾病的产生。如进行力量训练后，使用按摩等手段，帮助排除代谢产生的产物，使肌肉的紧张度减缓；通过电疗、热敷等可使运动员的疼痛、撇血、青紫斑等减轻。

使用“肌肉放松”“调节呼吸”等恢复手段，对消除运动员不良的心理状态也有良好的作用。在很多情况下，运动员由于精神紧张，带来肌肉紧张，教练员对这种紧张状态又往往是难以估计到的，只用口头讲解和提示是难以消除的。可是，使用一些恢复手段，就会收到良好的效果。人们有一种体会，当一个人焦急时，往往用吸气或长出一口气来调整，对缓和焦急的情绪是有作用的。利用深呼吸、放慢呼吸的速度也可使心情平静一些，这样呼吸就成了恢复的手段。

3.恢复与负荷的关系

训练的全过程离不开负荷与恢复，而且两者的关系极为密切。运动员承受一定负荷后，机体能源物质的恢复和超量恢复的水平与负荷性质、负荷大小、负荷强度和负荷时间有关。在生理范围内，机体在训练时所承受的负荷越大，消耗的能源物质越多，对机体的刺激就越强，其恢复过程也就越旺盛，产生的超量恢复也就越多。反之，如负荷超过生理范围，机体不但不能产生超量恢复，而且会出现病理状态。

负荷性质与恢复也有很大关系。由于不同性质负荷的能源物质基础不同，消耗的物质就不同，所以恢复和超量恢复的能源也各异。如速度性的负荷主要是肌酸磷酸（CP）的消耗和恢复；肌肉力量性的负荷主要是肌蛋白的消耗和恢复。因此，必须根据训练目的要求安排负荷。

不同能源物质恢复的速度是不相同的。有人做过试验，让动物运动15分钟以后，磷酸肌酸在1小时就可恢复，6小时就可达到最高指标。肌糖元在12小时后才可达到最高指标。蛋白质恢复到最高指标的时间更长。这说明不同性质的训练负荷后，应安排不同的间歇时间以保证恢复和超量恢复。如速度训练后，休息时间可短一些；耐力训练后，休息时间应长一些；力量训练后，应使运动员有足够的休息时间。负荷性质不同、负荷时间不同，则休息时间也不同。无氧非乳酸性的负荷，在6秒钟的大强度负荷后，应休息1~2分钟，组与组间歇3~4分钟为宜。无氧糖酵解的负荷，在保持0.3~3分钟的负荷训练后，需休息3—10分钟的时间。发展力量等素质的蛋白质合成性质的负荷，则应有充分的休息。在负荷持续时间和强度相同的情况下，由于间歇时间安排的不同，其训练效果也各异。

运动员负荷与恢复能力，与运动员的训练水平有很大关系，训练有素的运动员一般恢复能力就强，训练水平差的运动员恢复能力就差一些。即使训练负荷的大小相同，由于运动员的恢复能力不同，恢复时间及水平也各异。所以在训练中必须根据运动员的训练水平安排负荷与恢复。

负荷后恢复过程的速度是不同的，其规律是刚恢复时速度很快，以后逐渐减慢。

3.恢复训练的手段

恢复训练的手段从实际操作来看共分为三大类：

（1）一般教育学手段。

一般教育学手段包括放松活动，训练次数与时间的安排，调整运动员负荷与间歇时间，安排好睡眠、休息环境及其他事项等。

（2）医学生物学恢复手段。

医学生物学恢复手段包括伙食营养、按摩、热敷、淋浴、紫外线照射等。

（3）心理学手段。

心理学手段包括放松训练、呼吸调节、催眠暗示、心理调节等。

（七）运动训练中的思想教育

1.思想教育的意义

运动训练是专门组织的一种教育过程。其任务之一就是对运动员进行思想教育，培养运动员高尚的道德、优良的作风和坚强的意志品质。运动训练固然是以提高技术水平、创造优异运动成绩为最主要的目的，但归根结底，它是一个培养人的过程，我国的运动训练是要培养德、智、体、美全面发展的人。

一个优秀运动员要经过多年的培养（8—10年），从儿童少年就开始训练，此时正是他们长知识、长身体的时期，也是逐步形成世界观的重要阶段。他们不但身体的可塑性很强，而且思想的可塑性也很大。在长时期的运动训练过程中，他们的思想、品德、作风、性格等各个方面都充分表现出来。因此，应在训练中对他们进行思想教育，使他们从小就逐步树立为国争光、振兴中华的正确而又崇高的训练动机，促使他们全面健康的成长。

要登上世界体育高峰，就要在训练过程中付出艰苦劳动，克服各种因难，承担体力和精力的最大消耗，甚至个人的生活（如家庭、爱情、婚姻）都要做出必要的牺牲。在此情况下，运动员如没有勇攀高峰的雄心壮志，没有压倒一切困难的精神，是难以达到创造优异成绩，为国争光的目的的。

2.思想教育的主要任务

在运动训练中运动员会产生各种各样的思想倾向和问题，有针对性地进行思想教育是顺利完成训练任务的必要保证。其主要任务有：

（1）使运动员树立正确的世界观、人生观和价值观。

（2）培养运动员成为德、智、体、美全面发展，热爱党，热爱社会主义祖国，热爱体育事业，具有高度社会主义精神文明的一代新人。

（3）使运动员树立勇攀世界体育高峰，为祖国争光的雄心壮志。

运动训练过程中思想教育的这几个任务，并不是仅仅依靠运动训练的管理干部、领队、政治辅导员及教练员就能完成的，而是要依赖于社会、学校、家长等方面的配合，共同进行教育和影响去实现。但教练员确实起着很重要的作用，教练员要主动地争取各方面的有力配合，对运动员施加影响，使他们在运动训练的环境中健康的成长。

二、运动训练的基本原则

（一）一般训练与专项训练相结合的原则

一般训练是指在运动训练过程中，以多种多样的身体练习方法和手段，全面提高运动员各器官系统的机能，发展运动素质，改善身体形态和心理素质，掌握一些有利于提高专项的其他项目的运动技术和理论知识。一般训练的主要目的是根据专项运动的需要，为运动员专项运动素质、技术、战术最大限度地提高，为创造优异成绩打好各方面的基础。

专项训练是指在运动训练过程中，以专项运动本身的动作，以及与专项运动动作相似的练习，提高专项运动水平所需要的各器官系统的机能，发展专项运动素质和心理素质，掌握专项运动的技术、战术、理论知识。专项训练的内容和手段相对较窄，其目的是最大限度地提高运动员的专项运动成绩。

一般训练与专项训练相结合的原则就是指在运动训练过程中，要根据运动项目的特点，运动员的水平和不同训练时间、阶段任务，恰当地安排两者的训练比重。

一般训练和专项训练两者在内容、手段以及所起的作用方面是不同的，但其目的是一致的，都是为了提高运动员的专项运动成绩。对青少年运动员来说，在训练的基础阶段，离开一般训练，过多采取专项训练的内容和手段，对今后的发展是不利的，重要的是如何按不同水平和层次的运动员的实际情况，在训练过程的不同时期和阶段，恰当地安排好一般训练与专项训练两者的比重。

（二）周期性原则

周期性原则是指根据训练阶段的不同将整个的训练过程划分为几个运动周期循环地进行。周期性原则的依据是竞技状态的客观规律，即后一周期应在前一周期的基础上提高，以创造出最佳的运动成绩。在每一个周期或不同的训练阶段中，都有着各自的训练任务、训练内容与负荷量、训练手段与方法，它们彼此之间既相互独立又相互衔接。

良好技术技能的获得需要一个长期的训练过程。优秀运动员的培养需要十几年甚至更长的时间，因此，必须安排好运动员不同周期的训练，以促进其合理、逐步提高运动成绩。

现代运动训练中，贯彻周期性原则要做到以下几点。

（1）根据训练对象的特点和任务，来合理地安排训练周期。例如，在以年度为周期的训练过程中，运动训练经过周期循环不断进行，在此过程中，运动员的思想水平、身体素质、技术水平和基本理论知识等方面都应逐步得到提高。

（2）做好各个周期之间的衔接，使每个周期都能在前一周期的基础上有所提高，并起到承上启下的作用。

（3）把握好每个小周期的训练，并对不适之处做出及时的纠正。

在具体的训练过程中，周期性原则应和持续性原则结合起来，只有坚持多年系统的持续性周期性训练，才能不断提高技术水平。

（三）直观性原则

直观性训练原则是一种非常重要的运动训练原则，它是依据直观性与动作技能形成的教学论原理所确立的运动员必须遵循的准则。其主要目的是使这些运动员能更有效地完成技术、战术和智力训练的任务。在教学过程中，直观性教学有很多种手段和方法，而且现代运动训练更加强调直观性原则的运用。

运动训练中，尤其是训练初期，遵循和突出教学训练的直观性十分重要，具体来说，应注意以下几点。

（1）合理地选用直观手段：选用各种直观手段时要注意选择那些目的性最强、最有成效的手段，并必须明确所选的各直观训练手段所能解决的主要功能，并根据不同对象、不同运动项目和训练内容的特点，选择和应用有针对性的直观手段。

（2）根据运动员的个体特征选择直观手段：选择和运用符合运动员个体特点及训练水平的直观手段，且对不同训练水平运动员在训练时，应采用不同的直观方法和手段，同时，还要注意采用不同的训练强度。

（3）运动训练中，应先进行直接示范，使运动员掌握到一定的水平后，再通过录像、图解、直接观摩优秀运动员的表演和比赛等手段，同时结合清晰、准确、形象的讲解，以及教练员对运动员技术动作的观察分析，经过研究讨论，来启发训练者进行积极思维活动，并逐步找出体育运动的规律性。

（4）注意掌握运用直观手段的时机和方法：要根据不同年龄阶段运动员的

感觉器官发育的敏感发展期的不同，合理地选择和运用直观手段。教师可用语言信号、固定的身体姿势或慢速动作，来加深运动员对空中的方位、肌肉用力情况的体会等。

（四）全面性原则

全面性原则是指在发展某项运动技能的前提下，全面安排和充分发展运动员的各项运动素质，以促进专项成绩的全面提高。全面性原则主要包括以下几个方面的内容。

（1）全面发展的运动素质和全面提高的身体机能能力是达到高水平专项运动技术的基本前提和基础。

（2）运动素质要想得到发展就必须要求人体的若干系统同时介入，因此，在训练初期，必须采用正确的全面发展运动素质的方法，使发展技术与战术技能所要求的所有形态与机能都得到高水平的发展。

（3）运动素质和运动技能的转移需要一定的基础条件，专项运动素质和技能也需要建立在一般运动素质的基础上。只有全面安排才会创造出各种条件和可能，使专项所需的一切都得到充分发展。

（4）全面发展运动素质并不意味着运动员的全部训练时间都用于这种训练。随着运动员体能水平和运动水平的不断提高，其训练也应朝着更为专项化的方向发展。

（5）在进行体能训练时，教练员要多采用现代化的训练方法和手段，提高运动员的训练兴趣，以更好地促进专项训练。

（五）竞技需要原则

竞技需要原则即指根据提高运动员竞技能力及运动成绩的需要，从实战出发，科学安排训练的阶段划分及训练的内容、方法、手段和负荷等因素的训练原则。贯彻这一原则可使训练更好地结合专项的特点和专项竞技比赛的需要，提高运动训练的专项针对性、实战性和实效性，从而取得较为理想的竞技比赛成绩。

1.围绕基本目标，统筹安排好训练和比赛

训练目标全面而集中地体现着专项竞技的需要，是组织好训练活动的重要依据。因此，在制订训练计划时，应针对运动员的现实状态作出科学的诊断，对运动员的训练条件作出全面的分析，对运动员的发展潜力作出客观的预测，进而确定某些经过努力可完成的训练指标，如成绩目标、名次目标等。然后，据此全面安排好该训练目标下的训练和比赛工作。

2.仔细分析专项竞技能力结构的特点

每个运动项目由于其专项的特殊性，决定了其竞技能力构成因素的差异。因此，对所从事运动项目的特点作出正确的分析，是选择适宜训练内容和手段不可缺少的重要前提。如举重选手必须有巨大的力量，射击选手应保持超强的稳定情绪，乒乓球选手需要快速的反应与机动灵活的技战术意识和运用能力，排球选手需要更强烈的团队合作意识，健美操选手应具有极丰富的运动美感表现力，高尔夫选手不仅需要有快速协调的力量表现，而且还要具有超强的动作准确性。对于不同专项竞技特点和运动员竞技能力结构特点的分析，正是我们确定不同项目训练负荷内容的重要基础。

3.确定负荷的内容和手段

依据竞技需要原则的要求，负荷内容和手段的选择是由不同专项竞技能力的主导因素与运动员自身的具体情况决定的。如对举重选手要将主要精力用于发展力量素质，对羽毛球选手、高尔夫选手要用大部分时间进行技术训练，至于集体项目的选手则在许多时间中都要安排双人、多人乃至全队的配合训练。

4.注意负荷内容的合理结构

运动员竞技能力构成具有鲜明的规律性，确定负荷内容的比例时，要考虑运动员的水平、不同训练阶段的任务、项目特点等因素。例如，属于体能主导类项群的田径、游泳、举重和赛艇等项目有一个共同的特征，即技术单一，对体能水平要求较高，因此，在训练过程中，在熟练掌握规范动作的基础上，应将主要精力放在如何更有效地提高运动员体能水平上，以获得更大的力量、更快的速度和更强的耐力来实现竞技水平的提升；而像体操、跳水、花样滑冰和艺术体操等难美类项目，则需要在一定的体能基础上不断发展、提高动作技术的难度和艺术表现力。

（六）系统的不间断性原则

系统的不间断性原则是指从初期训练到出现优异运动成绩，以及保持和继续提高，直至运动寿命的终结，都应系统地、不间断地进行训练。

系统的不间断性原则主要有以下依据：

（1）各运动项目的知识、技术、战术都有其本身的内在联系和系统性，只有按照其内在联系和系统，循序渐进地进行训练，并逐步提高，才能取得良好的训练效果。

（2）运动员训练水平的提高是一个长期的过程，通过训练，有机体在身体形态、生理、生化机能和心理方面所产生的一系列适应性良好变化，也是由少到多、由低到高渐进积累的过程，只有持续不断地进行训练，提高了机能状态和适应性的良好变化才能得到巩固和进一步提高。运动员掌握技术、战术，直到能在比赛中熟练地运用，也要经过持续不断的训练，并逐步提高要求才能实现。

（3）运动员掌握运动技术、战术实质上是暂时性神经联系的建立，训练中断，就会使建立起的暂时性神经联系中断，条件反射消退，已掌握了的技术、战术生疏，以至产生各种错误。

贯彻系统的不间断性原则要做到以下几点：

（1）要坚持全年、多年的训练，保证运动员有机体所产生的一系列适应性良好变化能够获得长期的积累，并且使训练全过程中的每次课，每个训练阶段、训练时期及至训练周期，都与上一次课，上一个训练阶段、训练时期、训练周期有机地联系起来，使之在原有的基础上不断提高。保持训练的不间断、不割裂，才能使运动员身体、技术、战术、心理素质等产生的良好影响逐步积累，为最后达到最高成绩创造条件。

（2）训练内容的选择和安排，以及训练手段的采用，都应充分考虑它们的内在联系和本身的系统，要做到由易到难、由简到繁、由浅入深、由已知到未知。

（3）中小学代表队、业余体校、重点业余体校、体育运动学校、优秀运动员队伍，每一个训练的组织形式之间，以及训练计划大纲的制定、训练的实施和比赛的安排，都应有机地联系起来，才能保证训练的不间断性。

（4）训练过程中要充分注意并采取有力措施防止运动员发生伤病。运动员伤病将影响训练的系统性和连续性，产生伤病还会使训练长期中断，甚至影响运动员的运动寿命。

第六章　体育教育的新视野

体育运动这一学科研究的不是单一的身体问题，而是包含着心理、生理方面的训练和培养。体育运动是一门关乎人的整体发展的应用科学，是一门专门有效增强体质的生物科学，是一门具有极有效的教育手段的教育心理科学，是具有极大的社会影响和哲理性非常强的社会科学。在人类的教育史上，体育有着极其重要的地位。以苏格拉底、柏拉图等为代表的古希腊时期的思想家认为，身体与精神是相互影响的，主张通过学校来保证青少年知识、道德和心理的发展。当前素质教育要求体育教育必须要充满人文关怀，要重视学生人文素质的培养，要提高学生的审美能力，推动学生的全面发展。

第一节　体育教育的人文视角

当前，学生人文素质的培养成为我国教育改革中一个备受关注的问题，弘扬人文教育成为新时期体育教育面临的一项紧迫任务。

一、人文和人文精神

（一）人文

人文，是一个动态的概念。《辞海》中这样写道："人文指人类社会的各种文化现象。"人文是指人类文化中的先进的、科学的、优秀的、健康的部分。

1.人文的概念

文化是人类或者一个民族、一个人群共同具有的符号、价值观及其规范。

符号是文化的基础；价值观是文化的核心；而规范，包括习惯规范、道德规范和法律规范，则是文化主要内容。其核心是指先进的价值观；其主要内容是指先进的规范，对于社会而言尤其是先进的法律和制度规范，对于社会成员而言尤其是先进的道德和习惯规范，对于青少年来说首先体现在养成良好的习惯规范。从文艺复兴的历史看，人文应该是重视人的文化。从概念上讲，人文就是人类文化中的先进部分和核心部分，即先进的价值观及其规范，是先进思想的代名词。其集中体现是，重视人、尊重人、关心人、爱护人。简而言之，人文即重视人的文化。

人文分类：文化、艺术、美学、教育、哲学、国学、历史、法律。

其二级分类如下：

文化、文学：艺术、美术、电影、音乐、神话。

美学：跨学科（哲学、艺术、心理、伦理、文学）。

教育：学术、科学、素质（礼仪素养品德）。

哲学：宗教、思想。

国学：诸子、易学。

历史：中国、外国、世界。

社会：人权、法律、政治、经济、军事。

2.人文主义

国际君友会认为人文主义是一种基于理性和仁慈的哲学理论和世界观。作为一种生活哲学，人文主义从仁慈的人性获得启示，并通过理性的推理来指导。

人文主义以理性推理为思想基础，以仁慈博爱为基本价值观。至于个人的兴趣、尊严、思想自由、人与人之间的容忍和无暴力相处等，都是应有之义。人文主义同时和人本主义以及人道主义有密切的关系。

除了一般无宗教的人文主义，在各个主要的宗教中也有人文主义，在这里一般人文主义与该宗教的信仰和传统相结合。也有的人文主义运动认为人有参加仪式和规则的需要，并组织一定的团体来满足人的这种需要。一方面，人文主义注重人的精神心灵，显然不同于唯物主义；另一方面，人文主义注重理性，因而有的人文主义者认为和理性精神相违背的神灵崇拜的宗教精神并不是人文主义。

到了近代，“人文”这个词被用来翻译“Humanism”。欧洲文艺复兴时代的一些知识分子，在超越和反对中世纪欧洲宗教传统的过程中，把希腊、罗马的古典文化作为一种依归，用这种办法来回皈世俗的人文传统。这些人就被称为“人文学者”，后来人文学者所做的学问就变成了“人文主义”，到19世纪的欧洲又有所谓的“人文学科”，20世纪英美的学校里面也开始出现所谓的“人文学科”。“人文学科”的意思不是说人文的东西用一种科学的理论来解释，而是说对于人的各方面的一种求知，对于人的知识的一种探讨。

人文思考从根基处说是一种对存在的抽象玄思。实际上，Humanity（“人文”——在中国并没有词源学基础）的根本性观念是从人类的角度来思考人（Human beings considered as a group；the human race），思考人的存在根基，由此才会有下述超越性问题：人的本性、人的本源、人和大自然的关系、人和神的关系、人和人的关系。因为它把人作为类来思考，所以说它的思考是超越具体人伦事功，超越有限存在的。从这个角度来讲，“人文”一词根源于古希腊和罗马（Humanity在西方也可以解释为The languagesand literatures of ancient Greece and Rome；the classics），是以古希腊思想及其方式为根基的。

3.现代人文思想的含义

第一，“人本观念”，即“人本位”。人是社会的中心，人是衡量社会的尺度，“本位”者，标准也，人是衡量一切的标准。从以君王为标准，到以人为标准，或者说，从“君本位”到“人本位”是人类社会的一次伟大革命，是人类价值观的一次伟大转变，是约翰·洛克寻求社会规律的第一个伟大的发现。改变标准的人，才是伟大的人。约翰·洛克用了《政府论》的整个上篇，差不多100页的笔墨，以详尽的事实、犀利的逻辑，打破了桎梏人类几千年的传统观念：“君权神授”。正如哥白尼、牛顿把颠倒了的“地心说”颠倒过来，建立了“日心说”一样，洛克则把颠倒的“君本位”颠倒过来，建立了“人本位’的伟大学说。从此确立了现代人文思想的核心内容。

第二，“个人观念”，即承认和尊重个人的哲学观念，是针对“君王主义”或“君本位”，针对专制主义而言的。在这里，对于专制主义而言，个人是神圣的，是伟大的，是不容侵犯的。

第三，“自由观念”，即“政府的唯一宗旨是保护个人创造财富和享受幸福的自由”。人权是唯一天赋的、根本的权利。政府的权力是选民赋予的，其唯一宗旨就是保护人的自由。当人民的自由得不到保护的时候，政府的权力就应当被取消，所以叫“人本位”。人的自由是衡量一切的标准。“生命诚宝贵，爱情价更高，若为自由故，二者皆可抛。”在人的权利中，自由是最宝贵的，也是头等重要的。对政府而言的，“自由观念”规定了政府的唯一宗旨，即保护人的自由。

（二）人文精神

对于人文精神，国人用得很多，对于其内涵却不是很清楚，没有一个共识，因此在学术讨论中各持己见。有人认为：人文是文、史、哲、伦理、艺术等构建人类精神世界的思想与知识领域，而人文精神是体现其中的具有终极意义的价值观念和行为准则。王汉华的《“人文精神”解读》通过研究整理，认为人文精神的概念包含五层含义：①科学层面的含义，即对知识、科学、真理的重视与求索；②道德层面的含义，即对道德行为、道德修养、道德信念和道德人格的看重与追求；③价值层面的含义，即对自由、平等、正义等重大价值的渴望与呼唤；④人本主义层面的含义，即对人的关注、尊重和对人的主体性的期盼和高扬；⑤终极关怀层面的含义，即对生死、信仰、幸福、生存意义和社会终极价值取向等问题的反思。

二、体育教育中学生人文素质存在的问题及原因

（一）学生人文素质存在的问题

在国际科技迅速发展和激烈竞争的挑战下，我国对科学教育和科技发展予以极大重视，人文教育相对薄弱的问题，并没有完全解决。我们看到当前的学生拥有比任何年代的学生多得多的知识和信息，但他们的道德水平却普遍下降，社会责任感降低，许多学生的精神无所皈依，人生的目标模糊不清，对自己的价值不能正确估量。在21世纪的今天，这引起了我国教育界的警惕和深切忧虑。因为，我们深切地感受到，人类失去了人文精神的支持，人逐渐异化为物，日益成了科技的奴隶，使当今世界面临着种种问题和危机，诸如资源问题、环境问题、贪污腐败问题、色情暴力问题等，无不与人文素质的衰落有关。解决这些危机，是当前世界上各个国家、各个民族的当务之急。

根据文献资料显示，高校学生在人文素质方面主要存在以下问题。

（1）社会责任感降低。学生在物质利益的冲击与各种思潮的影响下，变得精神空虚了，思想贫乏了，心胸狭隘了，情感脆弱了，目光短浅了，斤斤计较，急功近利，人生的理想、民族的命运、国家的前途、世界的未来，在他们心中越来越淡漠。

（2）自私自利，投机取巧。在集体和他人利益与自身利益发生冲突的时候会首先想要保护自己的利益，在做事做学问中，急功近利，不想靠自身刻苦努力，只想如何投机取巧。

（3）面对困难缺乏意志力和承受力。相当比例的学生存在焦虑不安、神经衰弱、抑郁等心理障碍，学生的个人成就感畸形发展，酗酒、吸毒、性乱等恶习屡见不鲜，学生的自杀、凶杀案件呈上升趋势。

（4）处理人际关系能力差。在开放的现代社会青少年任性、妄大自尊、我行我素，自我约束、自我控制能力差，不能宽容别人，处理人际关系能力差。

（5）以自我为中心，社会适应能力低。现在整个社会都在强调学历竞争，人与人的互相关心越来越少；现在的孩子以自我为中心，工作后难以融入社会。

近年来还有些地方迷信、赌博成风，更有吸毒、卖淫等现象，社会道德水准下降，这有多方面的原因，但人文素质不高是其中原因之一。清华学生刘海洋的“硫酸泼熊”事件和云南大学的马加爵事件更给我们敲响了警钟，学生的学习成绩固然重要，但千万不能忽略了学生人文素质的培养。作为体育教师，我们要深刻认识到，人文素质的培养，为当前社会所必需，为学生成长所必需，更为体育教学所必需。

（二）学生人文素质存在问题的原因

人文素养是做人的基本素质，但在今天，正面临前所未有的冲击和考验。令人遗憾的是，在高等学府人文素质缺乏的现象亦较严重，并且有不断滋生蔓延的趋势。那么为什么会产生这些人文素质缺乏的现象呢？据调查显示，高校学生人文素质存在问题的原因如下：

1.社会宏观环境的直接引诱和影响

人是社会的人，学生亦是社会中的群体，同样受宏观社会各种思潮和现象的影响。前几年由于资产阶级自由化思潮的泛滥，造成意识形态领域的混乱，“个人主义”“个人自由”“个人价值”“自我设计”“自我实现”成为学生崇拜的信念，“金钱万能”“道德无用论”一时泛滥。市场经济的冲击，传统价值观念的擅变，使得部分学生的人生理想、思想境界出现了多元并立、参差不齐，而他们思想活跃，注重实际，不尚空谈，乐于接受符合社会现实的理论知识，厌恶形式主义的空泛说教，加之市场经济的负面影响，必然强化他们的利益观念，因而会诱发极端个人主义和拜金主义的思潮。使得不少学生的心态扭曲，不讲理想，不讲奉献，不关心祖国的命运与前途，只顾个人利益。俗语：入鲍鱼之肆，久闻而不知其臭。社会上的腐败现象及不良现象的冲击，久而久之自然会影响某些人，从而被有些学生所接受。加之个别教师“商品”意识强，使得教育的力度越来越显得苍白无力，大部分学生眼里钱高于一切，享乐主义、拜金主义在校园里有一定市场，个人主义也随之泛滥起来，送礼吃喝等不正之风也在学生中出现。

2.家庭和学校中对人文教育的一贯忽视

中国的家庭和学校教育长期以来重智轻德，对好学生的评价是：获得高分，进好学校，而忽视学生的人文教育，认为它对于我们培养的人才来讲可以缓行。殊不知，人才，得是先做人，后成才的。

在家庭教育中，由于是独生子女，往往是一家六个大人围着一个小孩转，造成他们任何事都以自我为中心，缺乏为他人考虑的意识，形成自私自利的心理。家长在人文素质和行为上不能成为子女的榜样。有的家长教孩子要勤奋学习，不要贪玩，自己却夜夜扑在麻将桌上玩；有的家长教孩子要文明，不要吵架斗殴，而他们夫妻之间却打骂不断……如此家教之下的孩子能有好的人文素质吗？从深层次上来说这是家长教育理念的缺失，对做人这一根本问题的漠视，对现实不良现象的趋从代替了对子女价值理念的引导。

再看学校教育，把追求学术成果当作自己的根本任务，而不是培养全面发展的学生。即使是在人文教育上，也片面注重受教育者对社会的绝对服从，而忽视学生主观能动性、创造性的培养，道德认识、道德态度和道德行为不能很好地协调起来，在这样的教育环境中，又如何让学生形成较好的人文素质呢？

3.微观个人意识淡薄、反思能力缺失

学生对人文素质的消化理解，是一个由被动地接受教育，循序渐进地向主动接受教育，乃至自我教育、自我反省的过程。当代学生的社会生活经历基本上是从学校到学校，缺乏对个人与社会、现实与未来、社会的光明面与黑暗面、小事与大事之间关系的全面理解和认识。同时由于他们缺乏理性思辩和分析选择能力，也容易使他们将观察了解的一些社会消极现象当作社会本质，从而误导他们失去正确的观念，甚至出现与公民道德规范相背离的现象，在行为上往往表现为以自我为中心，对父母、对他人、对社会的要求高而多，而对自己的要求低而少。

三、人文精神对体育教学的影响与改变

体育是身体运动，追求身心和谐，以健康快乐为本；体育是生活方式，追求生活质量，促进人的全面发展；体育是精神洗礼，追求超越，引领社会进步。体育应成为人人享有的权利，体育是人民的事业。体育通过促进人的发展而产生效益，进而作用于社会带动社会的发展，并使人的发展和社会发展互动。体育具有为人的发展、为社会发展服务的鲜明的人文特征。体育作为一种文化现象、教育手段和经济发展新增长点，步入以人为本的轨道，驱动和满足人民群众的根本需求，才能在构建和谐社会中起到应有的作用。

（一）人文体育

从“人”的方面讲，人文体育观首先是树立一个关于人的理念，即建立体育认识论的人的尺度。这个人的尺度的建立，是以价值理性和工具理性的融合为前提条件的，同时对人的理解要运用历史的、辩证的眼光，要从生物（科学）属性和人文属性相融合的视角去看待人本身。人的生物性和人性是人的两个方面，不能截然分开，也不能混为一谈。因此，可以说，在人文体育观研究中首先要树立的关于人的理念就是：既要尊重人的生物意义上的价值，又要尊重人的精神意义上的价值，这是一个问题的两个方面。

从“文”的方面讲，人文体育观的研究主要致力于使体育不仅成为指向人的身体发展的物质文明建设，同时也是面向人的心灵发展的精神文明建设。这是建立在身心一元论基础上对体育的认识。

本书所指的人文体育观，是以人为尺度、以人的发展为终极目的的一系列体育思想、理念。它是从人自身的角度出发对体育所形成的认识，它强调人在体育实践中的主体地位，强调发挥人的潜能和创造力；强调体育是促进人的全面发

展的重要途径，在当代，具体地体现为对人的全面现代化的追求。人文体育观的核心内容，具体体现为引导体育实践真正走向“以人为本”，即在理论上科学完整地认识人，在价值上尊重人（尊重人的主体价值和人的独立人格），在实践中全面塑造人（身体自然的改造、社会化过程的促进、人格的塑造和对人内心精神世界的引导），使体育真正成为促进人的发展的有效途径，对“人文体育观在体育的实践发展层面必须有所作为”的构思，体现了本研究的实践指向性特点。

在以往研究中，由于各种原因，造成了对人文体育认识上的感性化和泛化趋势，这是本研究采用人学的人文视角所要力图避免的问题。回顾人文体育的发展历史，可以看到，“人文体育观”常常要被人误解为，谈抽象化的体育和抽象化的人。人文主义者大多有“人的全面发展”的倾向，并用体育来作为全面发展教育的手段，就是注意到了体育对人的身心的双重塑造的作用。从人作为具有自然属性、社会属性和精神属性这三种本质的统一体出发去认识体育，就会看到人不仅是自然个体、社会个体，还是以意义和价值为根本的精神个体，那么体育过程不可能只满足人的运动需求，在这一过程中体育对人作为人本身的意义和价值追求也同样发生了。因此，在体育的认识中，还需要一种叫作“意义理性”（或者价值理性）的东西。只有站在人学的立场上进行形而上的思考，才能够在实践中深刻地体会到，体育并不是外界强加给人的外物，真正的体育产生于人自身由内而外的需要，包括生理的、精神的、智性的和审美的过程。从这个意义上讲，那些认为“人文”的体育是虚的、空的、花架子的观点，是没有真正理解人文为何。

本书对“人文体育”情有独钟的原因也在于，纵然人们对“人文”有千般误解，但它毕竟包含了古今中外、不同历史时期关于“人”的理想，寄托了对人的和谐发展的赞美与追求。“人文文化”在体育里应该与“科学文化”享有同等重要的地位，它们是相互依存的两个概念。只有这样，我们所理解的体育中的人才不会是“抽象的人”或者“物化的人”。

人文体育观的“人文”提法，旨在提醒我们自己，体育要关心人本身。因为身体是人的自身自然，是体育所要改造的生物学目标，然而精神（或者称为“心灵”）和身体是不可分的一个整体，体育对人的改造不能是只顾及了“身体”的需要而忽略了“心智”对价值和意义的饥渴；或者反之，只追求体育的精神价值和意义世界而抛弃了体育用以改造自身自然的科学技术基础，这样做对体育的发展不异于釜底抽薪。在体育的认识上应该明确，“器”与“道”只是事物的不同层次，“形而上”与“形而下”没有孰重孰轻。体育对人的生物学改造体现了人的自然属性，而体育对人之为人的精神教化，则体现了人的文化属性和体育的文化功能。人是一种文化的存在，体育作为人的一种对象化的活动，承载着人对于自身自然、客观自然以及人化自然（社会）的体认、改造和思考。

人文体育观强调体育关注的对象要从物转向人，强调人文文化与科学文化相融合的人文认识论。因为，一个人性化时代的来临要求体育更应该从人自身、人的生活世界、意义世界去理解人与体育的关系。人文体育观对体育的“人文”理解，可以借助于下面这段话所表达的意思来说明：“人文主义者所要教育的乃是完整的人，但是当教育不再关怀人的本身而提出为自然知识而知识时，那就是人文教育逊位的日子到了……我相信自然科学知识的正确性。但是接下去又该如何呢？……人文主义者一样可以把彼特拉克关于教会占有财富一事所说的话应用到科学的成就上面：‘如果它占有财富那倒是一件好事，不过如果它竟为财富所占有，那就糟到无以复加了。’”

引用上面这段话的目的，并不是为了强调“体育”是什么。体育是一个从人的本质需要出发，包括了教育、娱乐、游戏等性质的人类的对象化的实践活动。它除了可以作为教育的形式来满足人的需要之外，还可以通过娱乐、竞技等形式来满足人的另外一些需要。但不管体育以何种面目出现，它只服从一个目的，即以人为本。

（二）人文思想对体育教学的影响

1.更新传统体育教学理念，在“生物体育观”基础上关注“人文体育观”

在新课程标准下提出了“课程目标”“学习领域目标”等新概念，在“运动技能”和“身体健康”传统目标基础上，提出“心理健康”和“社会适应”两个新目标。20世纪以来，中国学校人文教育与科学教育的关系在教育与政治、意识形态的高度同构关系的传统背景下，经过科玄论战、通专之辩，特别是中华人民共和国成立以来的专才教育模式后，学校教育一度有科学主义倾向，表现为科学至上性、政治化、意识形态化取向，导致人文教育的缺场和人文性的遮蔽，其代价则是人文精神的缺失。因此，新课标的指引明确了工作方向，将学校体育课堂从教师示范，学生学习、练习的循环中解放出来，穿插需达到的其他目标，使教学环境更生动，学生更易接受。

2.调整课程体系，丰富体育教学内容的多样性

当下，各级各类学校中体育课程设置不当。很多学校都把体育教育的时间压缩到最低，每周安排的体育课难以达到一定的比例，且上课时间并非科学锻炼的最佳时间，无法满足正常学生的体育锻炼。还有，教学的内容老套，比如仅包括田径、体操球类等项目，模式单一，无法适应现行体育教育的需要。在人文思想的影响下，这一状况得以逐渐改善，在以学生为主体的课程设置中，更多地考虑学生的需求，根据学校、专业而区分，根据学生性别而区分，根据终身体育的教学要求以及学生的不同层次水平而区分，设置更多的可供学生自主选择的课程，根据青少年身心发展的规律给予引导，调动学生的积极性和主动性。

3.优化教学方法，改进教学手段，通过多种教学形式培养学生人文精神

注重对学生体育“技术+理论”的指导。素质教育是一种学生全面发展的教育，构建人文体育的另一个重要部分就是学生。学生，不仅是个性化的人，也是全面发展的个体。作为人文体育的一部分，一方面，体育教师要通过实际教学环节，创造有趣生动的教学方法，让学生在运动中感受到体育的快乐和力量，领略到体育的魅力和吸引力，完成对体育最初感悟的理解；另一方面，学校应为学生提供完整齐全的体育设施，并多方面、多角度地改革原有体育课程，充分尊重学生愿望，使学生在边学边做中理解体育的人文精神和内涵，实现自我认识的提高。课堂教学与体育俱乐部和体育协会相结合，不仅实现了向学生传授体育知识和运动技术技能，而且培养和提高了学生的体育能力。

4.构建科学的体育教学评价体系

首先，体育教学评价体系要具有全面性，既包括学生，也包括教师。在体育课程评价过程中，要倡导“立足过程，促进发展”，体现“区别对待”原则。对学生学习效果评价尽量将可量化的指标量化，体现定量与定性相济的评价原则，不仅考查学生对技术、技能的掌握程度和相应的理论水平，还对其进步幅度、创新能力以及在整个教学过程中体育学习态度、运动参与、情意表现、合作精神以及健康行为等进行综合评定。其次，体育教学评价体系要具有人文性，突出对个体的关注。其中对每位学生的出勤及各种隐性情感的表现，教师在每堂课

后都要及时追忆，做出客观评价和记录，善于从学生学习过程的表现考查其进步以及情感态度的变化，为情意评价提供重要素材，保证学习效果评价的合理化、科学化。

5.加强校园人文环境建设，营造良好的体育教学氛围

就客观层面而言，体育教学始终离不开一定的空间、环境及必要的运动器材。充足的阳光、清新的空气、干净的跑道、清澈的游泳池、井然有序的体育馆，一个安全、舒适的教学环境，不但能使学生的紧张身心得以舒缓，还能唤起学生对运动的兴趣与热爱。可以说，这是高校更好地进行体育教学的物质前提。另外，合理利用校园的室内外空间，加强校园文化建设，还可起很好的人文精神激励作用。人置身或观察这一文化效应场时，会与它发生感应关系，从而不自觉地获得特殊的体认、熏染和感受，从侧面感悟某种文化的精神、情调、气质和状态。因此，致力于高校校园人文环境建设，对营造体育教学人文氛围、促进人文精神的培养大有裨益。比如在体育教学、训练的场馆里，张贴各种标语式的警句或口号，有助于激发学生的运动热情和体育精神；悬挂体育名人的画报，以榜样的力量在无形中激励学生上进；摆放团体或个人奖杯或奖章，不但增加了学生的集体责任感，更潜在地起到鼓舞人心的作用。这些都间接地培养了学生的人文精神。

6.加强体育教师队伍建设，提高教师人文素质

在体育教学过程中，教师对学生的影响是最直接的。可以毫不夸张地说，在体育教学中搞好人文精神教育，关键在于教师。没有较高人文素质的教师，是很难培养出极具人文精神的学生的。教师的知识基础、专业水平、道德修养、人格力量，甚至于形象、口才等，都直接或间接影响着高校学生的人文精神养成状况。学不高难以为人师，身不正难以为世范。因此，我们完全可以认为，培养学生人文精神的前提条件便是建设一支高水平的教师队伍，加强体育教师的人文与专业素养，不断更新知识，而这恰恰是体育教学中融入人文精神的关键。

学校体育是我国体育事业的重要组成部分，建设体育强国，学校体育必须与社会体育、竞技体育协调发展，相辅相成，共同进步。虽然自“体育”概念诞生之日起，“强身健体”的自然科学观就占据着主导地位，但其背后所蕴含的强大“人文精神”日益显现。体育教学中越来越多地表现出对人类生命与健康的终

极关注，对个人成长与发展的人本关怀，以及对人性、人的价值的充分尊重。可以说，由历史上的“生物体育观”向“人文体育观”的转轨，正是顺应了时代的发展趋势。人文思想对学校体育的影响深入而透彻，同时也是挑战。实践出真知，如何形成一套切实可行、较为科学的课程体系，作为体育教育工作者深知其任重而道远，必须转变观念，迎接人文体育时代的到来，树立以人为本的现代体育观，充分认识到全民健身是人文体育的根本，而学校体育是全民健身的火种。

四、体育教育中加强人文教育的策略

（一）抓人文元素

学校体育作为一门必修课程和各项体育活动，既是教育的一种实施方式，也是在校学生展开学校生活、认识世界、体验生活、了解自己、提高自己的载体，更是学校教育与社会现实生活联系的中介，而合理的科学的人文元素渗透或融合于学校体育之中则是实施人文教育的核心，它要求学校教育者乃至体育教师根据在校学生的兴趣和需要，不仅要从系统的人文通识课程，由心理与教育、历史与文化、社会与伦理、哲学与思维基本类型组成的人文知识生态结构体系以及从“心理、知理、伦理、艺理、哲理”层面构建的人文素质教育知识生态核心课程及拓展课程中，甚至要从由体育精神文化、体育物质文化、体育制度文化和体育行为文化要素构成的整体的学校体育文化中，准确地抓住或选取与之相关的人文元素，如学校体育精神文化教育要素应以人文关怀为导向，结合学校体育发展的实际情况，定位学校体育理念、凝练学校体育精神和彰显学校体育道德风貌，引领学校体育发展的方向；学校体育物质文化教育要素应倾注人文关怀，渗透体育文化内涵（体育本身所蕴含的哲学、艺术、历史和文学知识，以及体育价值观、体育精神、体育道德和体育规范），提高物质文化品位，力求实现以“物”化人，让这些原本没有生命和情感的客观物质变成能够传颂学校发展的光辉历程，诉说学校的教育理念、精神风貌、审美情趣和价值追求的“教育者”；学校体育制度文化教育要素应推行人本体育管理思想，使行政型、指令型的体育组织机构，向服务型、督促型转化，使冰冷的、僵化的文本制度管理方式向人性化、民主化、开放化的体育管理方式转化，进而建构良好的体育传统与风气，促进学生体育行为自主、自觉和自治；学校体育行为文化教育要素应注重营造校园体育文化活动氛围，吸引广大师生积极参与体育运动、体验运动精神、享受运动快乐，将体育价值观、体育精神、体育道德、体育规范内化为人的生活态度、行为准则和道德规范。其中，学校体育精神文化是核心，学校体育物质文化是基础，学校体育制度文化是保障，学校体育行为文化是表现形式。体育物质文化、体育制度文化和体育行为文化唯有通过体育精神文化的外化，才能折射出学校体育特有的文化底蕴和独特人文魅力，以潜移默化、润物无声的方式教化人、感染人、陶冶人、引导人，并通过完善和提升在校学生的价值取向、人格品质、思想情操等实现“文化化人”的目的，使之在整个体育教育实践中能够充分地体现人文元素的系统性和个性化。

（二）用文化资源

学校体育人文教育还要充分地利用有益于在校学生人文素质提升的一切优势文化资源，如学校所在地体育历史名人、体育文化事件、体育文明成果、体育优良传统、体育优美故事等，这些都可以成为学校体育教育教学的上佳教育元素。学校开发和利用体育文化资源的前提和形式多种多样，首先将本地体育文化素材编写成乡土教材和校本教材作为体育课程教材补充；其次依靠本校体育教师扩大课程资源的识别范围、提高课程资源的利用程度，使之鉴别、开发、积累和利用具有独创性、特色性的体育课程资源；再次基于新课程要求教育者转变“课程即教材”“课程即学科”传统观念的这一实际，要求学校体育教师和在校学生在教学实践情境中共同创造和开发课程实施过程，故而学校开发与利用本地体育文化资源必须要坚持集体性原则、地域性原则和优先性原则。而根据实际情况进行选择，则是开发与利用本地体育文化资源的关键所在，如从参与体育运动形式、选用锻炼手段着手调查在校学生对体育运动项目的兴趣分类；创造性地开发和使用体育器材、体育场地并制定参考性的运动处方、经典案例；建立良好的课外体育活动机制，及时总结和反思学校体育事件发生过程；广泛利用校内外场馆资源和积极发挥网络资源的作用和优势。学校善于依靠本校的知识优势和人才优势予以开发、改造、提炼当地既有文化资源中具有人文内涵的精神养料，可以使之成为当代在校学生的重要精神食粮。因为利用学校所在地体育文化资源施以人文教育，既容易获得在校学生的文化认同又便于引发其内心情感体验，所以无论体育文化名人还是著名体育历史事件，虽然时间相隔久远，却因其毕竟发生在自己脚下同一方土地之上而具有莫大的亲和性和可追慕性。

（三）造人文氛围

学校体育人文教育实施目的在于提升学生的体育文化素养，促进学生自由而全面发展，所以学校必须营造一种和谐的人文教育氛围，既要继续强化体育课程文化教育，也要大力促进学校充满浓厚人文氛围的校园文化建设。学校校园文化建设作为在校学生人文教育的土壤、载体必须予以足够的重视，因为课堂不是唯一的反而是有限的，唯有从教室及运动场馆到校园的角角落落“弥漫”着浓浓的人文教育氛围，才能最大限度地释放体育人文教育的巨大功能。有鉴于此，学校校园文化建设，一要加强学校体育物质环境中的体育精神涵养，重点张扬体育场馆、体育雕塑、体育标识、体育标语等人文元素的魅力；二要发挥校园媒体传播先进体育文化的作用，恪守“适时”“适地”“适人”原则予以介绍体育与政治、经济、文化、教育、科技、军事等相关联的资讯；三要组织开展内容丰富、形式多样的校园体育文化活动，以便能够立足于办学理念和办学宗旨之上使体育文化与学校文化得以有效地契合；四要加大校园体育中典型人物、典型事迹宣传，充分运用体育明星、体育模范等榜样效应、励志效应和感染效应开展形式多样的人文教育；五要加强学校体育师资队伍文化建设，从强烈的职业操守与使命感、正确的体育价值观念、厚重的体育精神、广博的人文科学知识以及自身的道德修养、人文情怀和人格魅力等层面上提高体育教师的人文素养水准；六要推进民族类、时尚类以及体育欣赏、运动处方等主体性体育课程、主体性文化品位体育项目等的建设，满足在校学生主体在体育方面的实际需求：七要改进和应用诱导教学法、情境教学法、合作教学法、研究教学法以及现代心理学理论与专业相结合的其他体育教学方法，以便能够在体育教学中向学生提供更多的主体体验及自觉创新机会。此外，还要积极引导学生社团、党团支部开拓人文环境、浓厚文化氛围，使在校学生在丰富多彩的文化艺术活动中受到熏陶。

第二节　体育教育的审美视角

在体育教育中进行审美化教育可以凸显人的主体性地位，人可以自觉地进行体育实践活动，塑造美的形体，陶冶美的情操、美的灵魂，提高受教育者审美能力的同时使受教育者身心得到高度的完善。

一、体育具有美的教育价值

（一）体育是促进人的全面发展的重要因素

体育，作为普通教育的一个组成部分，是培养人全面发展的重要方面。体育应该注重身与心的协调发展。但是，我国体育一直受到“身心二元论”以及“传统生物体育观”的影响，过分强调对身体的锻炼和生理指标的控制，而忽视了人的身心统一性。对“身”教育必然涉及对“心”的教育，这是因为“人是一个活生生的整体，对人的任何一个方面、任何一种能力的教育总是涉及整体的人格，以人的全面发展为宗旨的现代教育观决定了体育不应是单纯的身体教育，而应该是以身体教育为途径的人的教育”。

体育是人的全面发展的教育的重要组成部分，它具有自己的特点。与德育、智育、美育相比，体育主要是对身体的教育，它的教育实践对象是学生的身体发展，在增进健康、增强体质方面发挥着巨大的功效。从体育产生以来，人们就把强身健体当作体育的基本功能。所以，有很多学者把对人的思维、心理等方面起教育作用的德育、智育、美育划分为“心”的教育，而把体育单独划分为身体的教育。近代学者王国维在《论教育之宗旨》一文中便是如此分类的。这种分类只是把教育分为简单的几类，在教育的实践过程中，体育必然包含德育、智育和美育的因素，它们是有机结合的一体，不能决然分开。日本体育心理学专家松井三雄说：“体育不是有别于精神的身体教育，它是包括身体在内的人的全面教育。”我们在突出体育对身体发展的独特作用的同时，更应该重视身心发展的联系。把促进学生的精神发展自觉的当作体育的功能，这是现代教育对体育的要求。

（二）体育和美育的关系

古往今来，体育和美育都是紧密结合在一起的。原始的艺术活动或者娱乐活动本身就是体育活动，例如，原始的歌舞是一种祭祀活动，但它本身就是一种身体活动，包含着体育的教育意义。周武王在我国西周时期，发明了一种动作粗犷有力、气势磅礴的军事舞蹈，用以训练战士，这既是一种舞蹈，也是一种军事训练，也被看作是我国军事体育的源头。在西方文明发源地的古代希腊，一方面把体育当作是培养士兵的军事训练手段，另一方面，把体育当作塑造人体美的有效途径。当时的体育运动会都是“展览和炫耀裸体的场合”，因为希腊人“把肉体完美看作是神明的特性”。正是在这种对健美身体的追求的背景下，哲学家柏拉图提出了美育与体育的结合的可能性，并认为“身体的运动和声音的运动有共同的……节奏”，所以，身体的健美和心灵的美是有共同的基础的。古希腊的人体雕塑创作是人类艺术的一个高峰，这是以古希腊人认识到的体育与美育结合为基础，正因为“希腊人竭力以美丽的人体为模范，才促进了大量健美的人体雕塑杰作的产生”。以后的体育与美育的结合发展正是以这种健与美、灵与肉交融结合、完美统一的文化传统为重要的依据。

体育与美育的共同点也表现在文化的性质和功能上。第一，体育和美育把体育活动和审美活动当作目的，它本身就是目的。德育与智育总是把学习和认知作为教育活动的目的，而体育和美育则是把教育活动的过程当作目的。虽然，体育与美育过程都包含知识、技能、技术以及道德的学习，“但这些因素不是根本目的，只是手段，它们都服从于身心协调发展的根本目的。如果说，德育和智育主要是使人掌握生活的手段的话，那么，体育和美育则既使人掌握生活的手段，又是生活本身”。第二，体育与美育活动都需要人的生理和心理的积极投入。体育主要以身体活动为主，促进人的全面和谐发展，美育以心理（情感）活动为主，促进人的全面和谐发展。在体育过程中，通过身体的活动也促进人心理方面的发展；在美育过程中，心理、情感的变化也促进人身体、生理方面的发展。人的全面和谐发展是教育的终极理想，也是体育与美育共同的目的，它们都直接体现了以满足人自身的生存发展需要、培养全面发展的个性的现代教育宗旨。

体育活动中存在大量的美的因素。一方面，经常参加体育活动有利于人体的健美，这也是体育的功能之一；另一方面，体育活动都是自由、放松的身体活动，这种活动可以使观赏者和体育参与者产生强烈的审美体验。一直以来，体育与美育的关系都是密不可分的。正如苏联体育学者萨拉夫指出："体育运动的发展，同时意味着新的艺术现象出现，人类的运动美和人体形象特征在这种现象中被发现出来。"体育也可以说是一种艺术创作形式，不过这种艺术创造的对象不是别的事物而是人体。

体育是对人体美的塑造的重要途径。首先，体育可以锻炼人的身体，促进健康，使人符合自然规律的运动，达到人体健与美的统一。体育活动对人体美的塑造本身就具有美的意义，人们参加体育活动，可以促进骨骼、肌肉的增长，使身体匀称合乎比例。正如黑格尔所说："通过体育锻炼塑造一种和谐发展的人体。是同雕塑家的艺术创造相似的一种艺术创造。"所以，应该按照健与美统一的原则进行体育。例如，体育舞蹈就是一种对人体健美塑造非常有利的创造性的体育活动。其次，体育可以促进身体运动的平衡协调，这也是体育对人体美塑造的重要方面。体育并不只是追求人的体能的极限，体育更加注重的是促进人的协调平衡的运动美感，符合美感的运动形式可以使人以最小的力，发挥最大的功效，这样，人在运动的时候就会感到自由愉悦。任何一种体育项目，例如，篮球、排球、田径、游泳，只有人体各个部位协调用力才能发挥人体的最大体能，而只有这样的运动形式才具有美的意味。因此，健美的内在一致性是体育活动的重要标志。

（三）体育是一门艺术活动

体育活动经常和情感的体验相联系。有许多体育运动项目具有很高的艺术性或者本身就是与艺术活动的结合，例如健美操、花样滑冰、艺术体操等，这类体育运动可以给人直接的审美体验，就算是一般的运动形式也会使人获得审美体验。体育中的审美体验首先来自人的自由运动。当人体抛弃各种多余的动作，摆脱各种束缚而协调自如地运动的时候，主体往往会惊奇地感受到生命力充分发挥和表现出的自由状态。此时，不仅他的身体在运动，而且他的情感也随着协调的运动形式充分地表现出来，他的精神在升华。这种感受产生于运动知觉，产生于对自己身体运动调协自由特征的领悟。这时，运动的身体就是人的审美对象本身，自由、和谐的运动形式就是一种美的创造。心理学的研究表明，身体自由、和谐的运动可以给人以美的感受。“肌肉活动可以产生全身心活泼运动的经验，肌肉和神经系统功能的协调起着十分重要的作用。运动的熟练正是通过肌肉和神经组织的协调活动而获得的，其最终结果是用尽可能少的精力消耗来完成某一动作。”心理学家指出：“有节奏的活动能达到最适宜的协调。使动作的能量消耗更加经济。”这种肌肉富有节奏性的运动，就是美的节奏。另一方面，和谐自由的美感经验也是存在于具有节奏性的运动中。从体育心理学来说，“正是‘神经—肌肉’活动，这种运动能使人体本身及其活动具有获得美的可能性”。

通过上述分析我们发现，体育与美有很多共同的特性。超越功利性就是其中之一，无论是竞技体育还是学校教育或者是群众体育，它们的活动形式都具有超越一般社会功利法则的特点，表现出一种“游戏性”。正如席勒所说：“人只有游戏的时候才自由，人只有在自由的时候才游戏。”在体育活动中，人们可以自由和谐地运动，在这种自由和谐的运动中，人们不仅充分地发挥了人体的体能，而且更为重要的是人们宣泄了情感，使人们感受到自身的生命力。随着社会文明的不断进步，人的情感也不断地被压抑，而体育是人们挥发自己个人情感的最佳途径。在自由、愉悦、忘我的运动形式中，人们的情感得以通过文明的方式宣泄和表达。从这一点上看，体育与美育具有相同的功能。

随着体育运动的不断发展，观赏性越强的运动项目越受到人们的喜欢，能不能给人带来强烈的审美体验也似乎成为评价体育运动的标准。体育运动是人类的力量与智慧的结晶，在体育运动中人们可以感受到自身和他所创造的世界的美丽和伟大。这种感受虽不如艺术欣赏那么精致高雅，然而由于运动形式是健与美的结合，所以更激动人心，更令人振奋，更充满生命力昂扬的情调。在这一点上，体育观赏也包含着促进个性情感表现和升华的美育功能。

二、加强体育审美教育的价值

从价值观的角度出发，人们衡量一个事物的品质一般都会用“真、善、美”作为标准。体育审美教育对于真、善、美的需要是一种内在的诉求，体育审美教育不是把美和审美当作是一种点缀，而是要把审美在实质上完全地融入到体育活动中，使审美功能得到有效的发挥和发展。审美功能的多样性是得到广泛承认的。在体育教育教学中，只有以“美”为纽带，确立起“以美启真”与“以美扬善”以及两者的统一这一价值，体育审美教育才会显示出它的育人价值。

（一）以美启真

所谓“真”，就是客观真理，具体到体育审美教育中就是通过人类体育实践总结出的科学的知识、合理的技术和高超的技能。从美的本质看，美与真是有区别的，但美与真又从来都是紧密相连的，更不是彼此对立的。真是美的内容的主要构成基础，而美则是对真的包容与质的升华，美对人类认识具有极可贵的暗示、启迪功能。体育中许多知识与技能是不能用语言表达出来的，只能用理智直观，即通过美而感受到和发现到它。所以，体育教学中存在大量的审美因素，这些审美因素有些是外显的，有些则需要我们深入挖掘。这些审美因素可以帮助学生学习体育知识、技术和技能，它将引导学生更轻松、更自由、更全面甚至是在更高的层次上学习。这正是这种合规律性与合目的性相互撞击而和谐的奏鸣曲。

体育审美教育中的“以美启真”具体是指体育教师对规律的尊重，包括美学与审美教育规律、体育教育教学规律等。首先，通过多种多样的体育运动形式和运用各种各样的手段方法，深入挖掘体育教学活动中的美的因素，让学生感觉到体育中优美感、崇高感、倾慕感、景仰感、欣慰感等各种美的感受，从而提高学生的审美意识，使广泛的审美性成为学生掌握基本知识、基本技术、基本技能的先导，使学生在美感中掌握体育知识、技术、技能。其次，通过对教学内容精心的挑选和组合，教学程序的巧妙设计，把教育内容置于伟大体育文化的历史长河之中，使学生得到美的熏陶和观照，使教育的内容转变成审美对象，这样就可以多方面地展现出美的因素，使学生的身体和精神得到更好的发展。

（二）以美扬善

所谓“善”是指人们评判道德行为的范畴，是调整人与人之间以及个人和社会之间的关系和行为规范的总和。体育活动的全过程都伴随着道德判断，形成了例如竞争精神、规则意识、合作精神、责任感、意志品质等特有的“善”的因素。充分利用这些体育中善的因素，可以使得学生建立正确的道德观和世界观。体育审美教育中的“以美扬善”是指教师在教育教学过程中，积极创造并利用体育运动中的审美因素来培养学生正确的世界观，陶冶学生的道德情操，养成良好的社会适应能力，促进其人格的完善。在体育活动中，有许多和社会生活相似的情景，教师应该利用这些情景让学生进一步认识体育中的美不仅仅是快乐、成功，在有些时候也需要面对失败和挫折，但正确认识失败和挫折，并战胜它们最后取得成功是更高层次的美（崇高）。

从审美心理的角度看，“以美扬善”是靠审美感与道德感作为信息通道把学生的审美心理结构和人格心理结构联系起来实现的。审美感推动着学生的人格构建。这是因为，学生通过参加体育活动而感受到体育美，他们的情感随之也被激发，结成美好的形式，而这种情感的美好形式会对学生的行为起到规范的作用，而这种规范的行为就是道德行为。在欣赏、创造体育美的时候，学生的各种心理因素都被积极有效地调动起来，形成一种良好的心理氛围，而对事物的感受会进入一种自由的境界。学生一旦长时间和经常地处于这种良好的精神氛围之中，这种对美的感受就会积淀下来，形成一种稳定的心理状态，对他所接触的任何事物都予以审美的态度，而与客观世界发生联系时，都会不知不觉地强化社会性的情感，变外在的行为规范为主体自身的道德需求。“以美扬善”就是以体育美所激发的情感为中介，将审美心理结构与道德、人格心理结构相沟通，并利用这种沟通陶冶学生的情操，塑造学生完美的人格。

三、体育教育中开展审美教育的方法

在体育教育中不仅要完成体育的教学任务还要达到审美教育的教学目的，这便要求教师既要精通体育专业技能，最大限度地掌握体育运动知识，还要熟知审美教育的理念，尽可能地提高自身的审美修养。在施教时根据学生的具体情况，采取相应的教育手段和教育方法。

（一）创新教学方式，快乐教学

将快乐带到体育教学当中，激发学生的学习兴趣。教师要认真思考怎样让体育教育中融入快乐的成分，而不是简单地对学生进行了无生趣的知识灌输，要尽可能地采用学生乐于接受的手段和方法，让学生愿意听课，提升他们学习体育的兴趣。比如组织学生看一场NBA球赛，了解一下体育明星的最新情况等，让学生从中得到快乐和满足，使他们保持并逐渐增加对体育学习的兴趣，教师和学生的兴趣高涨，创造出一个理想的学习氛围，得到更好的教学效果，同时也能在无形当中提高学生的审美观。

（二）重视体育游戏及其他形式的体育活动

尽可能多地开展体育活动和游戏，这里的玩不是指毫无目的去玩，而是要想办法使学生在玩的同时进行一番欣赏、谈论以及体会，让学生在有审美兴趣的前提下，经过亲身体验认真地去发现美、感受美，最后得到从表面美到内在美的质的飞跃。教师要不断地提高自己的审美能力、体育技能，积极参加到各种活动和游戏中，利用自身的美去引导学生创造美，用自己的形象去向学生展示美的风韵和内涵。相对于枯燥无味的知识传播而言，由于学生天生就对各种活动和游戏有比较浓厚的兴趣，再加之学生本质上对教师的敬畏和尊重，这种教学方式更易于被学生所接受，可以得到意想不到的教学效果。

（三）反复训练，提升发现美的能力

诱导学生进行反复练习，丰富学生的审美能力。运动技巧是靠不断的实践和练习得来的，从一开始的一窍不通到后来的熟练运用及创造，审美能力在这过程中起到了不容忽视的作用。一方面，运动技巧所表现出来的美会激发学生的学习热情；另一方面，审美能力又能提高学生的体育运动技巧。审美教育和体育教育互相融为一体，就会使学生不断地进步、不断地发展，成为“德、智、体、美”全面发展的全能型人才。

第七章　体育运动的训练实践

运动训练的直接任务是根据参加专项竞赛的需要，发展和提高运动员的竞技能力，继而将已获得的竞技能力在运动竞赛中充分地发挥出来，使其表现为相应的运动成绩。运动训练的主要内容有身体训练、技术训练、智能训练、心理训练等。本章以体操、篮球和武术运动为例，阐述这些运动训练的具体实践。

第一节　体操运动训练实践

体操作为人类最基本的身体活动和社会活动，对于人类的生存、生活和生产劳动，以及教育、社会文化生活，在每个时期的发展中都起着推动的作用。历史的发展充分地说明了体操活动所具有的两重性质，即既作用于人体的健康和促进人的全面发展，同时又作用于社会，是属于社会文化教育的一部分，受当时的社会政治经济影响和制约，为一定的社会政治经济服务。体操教学理论就是在人类的身体活动和社会实践中产生、发展并不断完善起来的。

一、体操技术训练实践

运动技术是指符合人体运动科学原理，能充分发挥身体潜在能力，有效地完成动作的合理方法。体操动作技术是指完成体操动作的合理方法。具体来说，是指运动员合理运用内外力，根据动作的要求，改变身体及身体部分的位置，从而完成动作的方法。这就是我们常说的做动作时如何用力，用力的方向和大小如何，哪部分肌肉用力，哪部位肌肉放松，它们之间的协调、配合等。

（一）基本技能的训练

体操运动在技术训练开始时首先进行以下几个内容的基本技能训练：

（1）在器械上支撑和悬垂时的正确姿势；

（2）表现竞技体操风格的动作姿势：如直腿、并腿、绷脚尖、手指并拢、抬头挺胸等；

（3）动作节奏感；

（4）动作的协调性，空中定向的感觉和能力；

（5）平衡稳定的技能；

（6）转体的技能；

（7）落地的正确姿势和稳定的技能；

（8）在支撑和悬垂中掌握起摆动作的技能。

训练课分准备、基本、结束三个部分，都可用来进行专门的基本技能训练。主要的训练方法与手段如下：

1.专门选择的各种游戏、徒手体操、轻器械体操以及专门素质训练

通过这些内容的训练培养运动员正确的身体姿势和协调能力，学会臂、腿、躯干在基本方位的准确姿势以及在器械上悬垂和支撑时的正确姿势。

2.舞蹈训练

舞蹈训练不仅是形体训练的主要手段，而且是技术训练的最初阶段所采用的主要方法。在现代竞技体操的教学训练中，采用舞蹈训练能培养正确的姿态、漂亮的手势、关节的灵活性等素质和技能。舞蹈训练还能培养节奏感、音乐感、表现力、动作的情绪等。各种舞蹈是完成自由体操必不可少的技能和素质，而且能很好地反映器械上完成动作的风格，并且是很难用其他方法来代替的手段。

3.基本的跳跃训练

可以采用以技巧动作为主的练习，使运动员掌握和提高蹬腿的技能（在技巧、跳马和平衡木中采用）、推手的技能（跳马用）及完成无支撑翻转和转体动作时的技能。

4.基本的旋转训练

旋转训练的主要任务是扩大运动员完成复杂的腾空翻转动作的功能潜力，以及培养完成转体的技能（特别是无支撑的转体），运动员在儿童少年时期就能

承受大量的旋转训练，并且很容易适应。旋转训练可以采用各种手段进行，最简单的方法是采用滚动和多次滚翻的练习；弹跳板上做团身、直体跳并加转体的简单动作等练习。有条件的还可以采用专门的旋转器，而最有效的手段是弹网（绷床）练习。

（二）基本动作训练

基本动作是指竞技体操各项目所必须的各种不同结构类型的典型动作，也称“断面或剖面动作”。掌握这些动作可以对大量其他的同类动作起正确诱导的作用，从而缩短掌握同类动作的时间和提高动作质量，并为学习复杂的高难动作打下良好的技术基础。如在吊环上掌握正确的悬垂摆动就为学习向前和向后大回环创造了条件。

各项目基本动作的内容如下：

（1）技巧：前后滚翻、手倒立、后滚翻成倒立、鱼跃前滚翻、侧手翻、前手翻、后手翻、趋步、侧手翻向内转体90° 接后手翻、侧手翻向内转体90° 接后手翻团身后空翻、侧手翻向内转体90° 接后手翻直体后空翻、侧手翻向内转体90° 接后手翻跳起转体180° 前空翻、燕式平衡、直臂屈体分腿慢起手倒立、利用弹板和绷床做的各种翻转练习。

（2）鞍马：正撑和后撑的单腿摆动和摆越、正交叉、反交叉、低山羊全旋、低无环马全旋、鞍马环上全旋、环外全旋、侧撑全旋（马头全旋）、环上全旋挺身转体180° 、托马斯全旋、单环全旋、无环马纵向向前和向后移位全旋、直角单环进与直角单环出、环外托马斯全旋、经手倒立转体90° 挺身下。

（3）吊环：悬垂大摆动、支撑摆动、向前高转肩、向后高转肩、前摆下、后摆上、屈伸上、手倒立、手倒立下摆成悬垂、手倒立前翻成悬垂、后上成支撑、翻上成手倒立、后摆上成手倒立、直体后空翻下、团身后空翻两周下、屈体前空翻下、直臂屈体慢起手倒立、水平支撑、十字支撑、前后大回环、后摆前翻成支撑。

（4）跳马：助跑、踏跳、推手和落地练习、分腿腾越、预先后摆屈体腾越、助跑跳上高垫子成手倒立、侧手翻、前手翻、前手翻团身前空翻、侧手翻向内转体90° 、接团身后空翻、踺子上板直体后空翻。

（5）双杠：支撑摆动、悬垂摆动、挂臂撑摆动、直臂屈体慢起手倒立、摆动手倒立肩向前和肩向后转体180° 、长振屈伸上、弧形挂臂、弧形上成支撑、后上支撑、后回环成手倒立、手倒立向后大摆成悬垂、前摆转体180° 成支撑和倒立、后空翻成倒立、挂臂前摆上、挂臂后摆上、前空翻下、后空翻下、倒立前翻技术、向后大回环。

（6）单杠：悬垂大摆动、悬垂大摆动连续转体、屈伸上、屈伸上换反握成手倒立、后上大回环、向前大回环、向后大回环、用振浪技术做的前后大回环、腾身回环成倒立、前上成吊臂悬垂、后上后翻成吊臂后悬垂、向前或向后吊臂大回环、向前大回环转体向后大回环、向后大回环转体接向前大回环、分腿支撑前和后回环成手倒立、直角腾越、屈体前空翻下、直体后空翻下、团身空翻两周下、后摆分腿越杠下、单臂摆动、单臂向前和向后大回环。

（7）高低杠：悬垂摆动、支撑后回环、长振屈伸上、屈伸上换握高杠、前上、支撑后摆成手倒立、腾身回环成手倒立、手倒立下摆成悬垂、弧形转体、向前和向后分腿支撑回环、绷杠下、腹弹后摆上、倒立转体180° 、悬垂摆动团身后空翻下、向前和向后大回环。

（8）平衡木：各种立走跑跳、单腿和双腿的转体、前后滚翻、前后软翻、前后手翻、侧手翻、侧空翻、手倒立、各种平衡、侧手翻向内转体90° 、侧手翻向内转体90° 接团身后空翻下。

基本动作的训练方法可先采用单个动作的教学方法，使运动员掌握单个基本动作的技术，再进一步提高动作技术的质量。基本动作训练的目的在于提高运动员的基本技术。基本技术是指完成某一类型动作时起关键作用的技术或技术环节。因此，基本动作训练的核心是基本技术训练。运动员基本技术掌握得如何，将直接影响今后难新动作的发展和动作质量的提高。如单杠向后大回环，它是所有向后大回环组、大摆向后空翻接做的下法组、向后空翻转体再握杠组和向后腾越组的基本动作。其关键技术在于倒立下摆至接近杠下垂直部位前“沉肩振浪”，这个技术掌握和好坏直接关系到能否掌握好动作的节奏，能否充分利用体前肌肉群的弹性和器械变形的弹性能为下面的兜腿创造良好的机会。我国优秀运动员的训练经验证明：必须在基础训练阶段抓住基本技术训练这个核心环节。

基本技术训练要严格要求，反复训练，长年坚持。对基本动作的技术要领和规格要有明确的要求，一丝不苟，使基本技术掌握得更加熟练（可以连接其他动作或编成小套经常练习）。并要求在完成基本动作时做到有节奏、有速度、动作优美、舒展、柔和、别具风格。

基本技术训练原则上应全年贯彻，但可根据训练计划和训练阶段的不同，因人而异，有所侧重。在多年规划中可以有若干年，在一年中可以有某一训练阶段侧重基本技术训练。

二、体操运动员身体训练实践

体操的身体训练是指在体操训练过程中教练员运用各种练习手段和方法来增进运动员的身体健康，提高运动员机能水平，全面发展体操所需要的各种运动素质和基础能力的训练。身体训练可分为一般身体训练和专项身体训练。一般身体训练在体操训练过程的启蒙期、全年训练的过渡期、伤病后的恢复期被广泛采用。

（一）力量

力量素质是人体神经肌肉系统在运动过程中克服或对抗阻力的能力。根据力量素质与体操专项的关系分为一般力量和体操专项力量；根据力量素质与体重的关系分为绝对力量和相对力量；根据完成不同项目所需力量素质特点分为最大力量、快速力量和力量耐力。

运动员的力量素质是其做好一切动作的基础，高难度动作的完成必须由力量素质做保障，尤其是爆发力、力量耐力、快速力量对竞技体操运动员非常重要，运动员的力量素质会直接体现在训练中，影响其训练水平的高低。

力量练习的方法和手段很多，在选择练习方法和手段时，首先应考虑发展何种类型的力量。如要发展速度力量，可采取规定一定次数计时的方法，如仰卧两头起10次计时；如要发展力量耐力，则可计运动员10秒或20秒完成该练习的最多次数；如要发展退让性力量，可选择引体向上慢落下、跳深练习等。其次，要考虑不同部位的力量练习交替进行，如上肢和下肢、腹肌与背肌交替。这样，既可避免局部负担过大而造成疲劳，又可以提高练习的总效果。

（二）速度

速度素质指机体快速运动的能力，包括人体快速完成动作的能力和对外界信号刺激快速反应的能力，以及快速位移的能力。速度素质由三部分构成：第一，反应速度，指机体对各种信号刺激（声、光、触等）快速应答的能力；第二，动作速度，指机体或机体某一部分快速完成某一动作的能力；第三，位移速度，是机体完成技术动作不可缺少的要素。竞技体操对运动员的动作速度尤其严格，体操动作力度的外部表现是加速与停止相交替的运动，因此要求运动员肢体的运动是快速而非匀速。一般的，动作速度越快，相应的动作力度表现就越好。

体操项目中最主要的是动作速度（指单个或联合动作的速度）和位移速度（助跑距离的速度）。动作速度一般通过体操动作练习来培养，它的特点是规定较少的动作次数，要求运动员以最快的速度完成。常采用定量计时的方法，如连续侧手翻3～5次／秒、连续后手翻3次／秒、连续俯卧撑5次／秒、仰卧两头起10次／秒、悬垂举腿10次／秒等。也可采用定时计数的方法，如在10秒内规定必须完成多少次原地后空翻等。练习时要保证动作速度不因疲劳而下降。一般不负重，教练员可给予助力以加快速度。另外还可利用声响、灯光等信号提供必须的动作节奏，控制动作速度的变化。

体操运动员的位移速度主要是通过冲刺跑来培养，常用的是20～30米及60米和100米的短距离跑。练习除在田径场的跑道上进行外，还可在跳马的跑道上做快速助跑单脚上板。可采用“引跑”、“追跑”、比赛以及斜坡跑等形式来培养位移速度。

（三）柔韧

柔韧素质指人体关节在不同方向上的运动能力及肌肉、韧带等软组织的伸展能力，表现为关节运动的幅度和身体活动的范围。它分为一般柔韧素质和专门柔韧素质，主要受个体的年龄、性别、关节类型、关节结构、关节周围的肌肉、体温、疲劳状况以及情绪状态等因素的影响。

竞技体操对运动员的柔韧素质要求较高。在竞技体操运动中，没有柔韧就没有动作幅度，而动作幅度能使动作达到完美的技术效果。因此，柔韧素质训练是竞技体操训练的重点内容之一，柔韧素质好的运动员，能更轻松自如地完成体现高柔韧性的动作和训练内容，而且不易受伤。

根据体操的特点和要求，男运动员要着重发展肩、腕、腰、髋等部位的柔韧性，女运动员则要着重发展肩、胸、髋、腰和踝等部位的柔韧性。这里以肩胸部柔韧性练习为例。

肩胸部位的柔韧性练习方法主要有压、拉、吊、转等几种。

（1）面向肋木或横马站立，两手扶在同髋高的位置上，体前屈，挺胸，低头或抬头，上体向下振动（同伴可加助力），使肩角拉开。

（2）背对肋木站立，两臂上举（或侧举），两手握肋木，抬头挺胸向前挺，使肩角拉开。

（3）背对肋木悬垂，另一人用背顶练习者的背，帮助挺胸拉肩。

（4）单杠翻握悬垂，利用身体重量拉肩，然后松一手，转体360°成悬垂。

（5）俯卧地上，两臂伸直上举，同伴将实心球置于练习者项背上，用膝顶住球向前下方用力，同时两手握其肘部向后上方拉。

（6）转肩练习。可握棍、绳或橡筋带等物，两手间的距离可因人而异，随柔韧性的提高逐渐缩短，直至两手相握可同时向前或向后转肩。

柔韧训练应从少年儿童抓起，长期进行，每天安排。不仅要注意发展运动员较差部位的柔韧性，也应加强最佳部位的练习，使运动员在该部位表现出特别的优势。柔韧练习常安排在早操、课的准备部分和结束部分进行，常与其他性质的练习，如力量、速度、灵巧等交替进行。进行柔韧性训练时，要先进行一定的准备性练习，练习幅度由小到大、由静到动、由慢到快。被动性练习时外力要由小到大，并控制在一定的限度内，且不违背解剖结构特点，以免出现肌肉、韧带拉伤及关节损伤。

此外，还有必要的耐力训练等。

三、体操运动员心理训练实践

由于体操的项目特点，安全问题始终是体操训练过程中的一个重要课题。随着体操技术的发展和动作难度的日益复杂化，安全问题就显得更为突出。安全保障已成为培养优秀选手长期训练计划中的重要组成部分。

体操技术的飞速发展和难度的提高，加大了体操训练的难度，使许多教练员，特别是年轻教练员在训练中往往把主要精力用于研究体操动作和技术上，忽视了对安全问题的研究和探索。

在体操训练中，教练员往往把安全问题只看成是垫子的使用、保护设施的利用及保护和帮助等外在因素上，而对于心理因素对技术动作的掌握和在安全问题上所起的作用，则没有引起应有的重视，其在训练中的作用甚至被忽视。体操是一项训练周期长、技术复杂、内容丰富的项目，需要长时间的反复磨炼。在漫长的训练过程中，教练员和运动员之间形成了一种带有个性特点的相互行为关系。从训练的角度讲，教练员和运动员之间的良好的、积极的关系应建立在教练员对运动员身心发展规律及体操训练特点完全掌握的基础之上。教练员所具有的这种认识和能力，对于为运动员建立和保持一种积极有效的训练环境是必不可少的，也是高级教练员应该掌握的。当今的体操训练要求教练员在训练过程中，不仅要考虑技术动作的训练，关心技术上的进步，还应考虑到制约和影响体操训练过程的相关因素，如运动员的心理、情绪表现等。因为体操动作的学习和掌握不仅仅是个技术问题，在很大程度上还受着心理因素的影响，这是由体操动作的特点所决定的。

（一）改善认知过程，提高认知能力

训练过程离不开动作的学习和提高，而这与运动员的认知能力有密切关系。心理训练的任务之一，就是提高运动员的认知能力，特别是形成和完善各种专门化知觉。对竞技体操来说，主要发展与项目特点有关的肌肉、关节运动的感知、空间定向、时间判断、平衡、节奏感知、运动表象和运动记忆等方面的能力。

在竞技体操中，肌肉和关节的运动感知能力具有特殊的意义。竞技体操动作的幅度、方向、速度、节奏以及动作与动作之间的连接都有严格的规定，对这些动作基本要素的掌握有赖于肌肉关节运动感觉的精细分化。这种感知能力越敏锐，就能越有效地体会动作要领和及时纠正错误动作。同时肌肉关节运动感知的精细分化，也是形成和完善空间定向能力、时间判断能力、节奏感，及各种专门化知觉能力的基础条件。研究证明，竞技体操运动员的肌肉关节运动感知能力高于其他运动项目的运动员。

在竞技体操中，空间定向能力是指运动员准确地判断身体各部分相对位置，以及整个身体与器械或地面的相对位置的能力。空间定向能力对完成动作有着至关重要的作用。做动作时，伸腿的方向、转体的度数、翻转角度的准确性等都与此有关。空间定向能力是一种综合的感知能力，它取决于视觉、运动觉、皮肤觉、平衡觉等分析器的功能。

时间判断能力是以运动员的时间知觉为基础的。时间知觉包括反映人体运动技术的长短知觉，反映人体运动变化顺序的间隔知觉、运动速度知觉等。时间知觉必须借助于一定的媒介。在竞技体操中主要以肌肉的运动感觉和视觉作为媒介。

平衡能力是人体在做动作或静止时，维持平衡的能力。它对于女子平衡木以及男子鞍马等项目有着特殊的意义。平衡能力主要以前庭分析器和视觉分析器的功能为基础。

在竞技体操训练中，这三种感知能力的训练一般均与技术训练和索质训练结合起来。大致有下列方法：

（1）在帮助下，用“搬运”的方法，慢速度地体会动作过程。对训练运动员的空间判断能力，以及时间顺序等感知能力有良好的作用。

（2）在练习时给予一定的指标信号。如给予标志物指示伸腿的方向、手扶的位景、腾空的高度和远度，给予一定的音响信号指示推手、脱手的时间，静止姿势保持的时间等。

（3）注意第二信号系统的作用，要求运动员用语言叙述动作过程，特别是有关方向、时间的概念，进一步使时空感知得到语言强化。

节奏是动作各部分按一定顺序所表现出来的强弱和时间间隔的关系。它包括力量分配以及时间分配上的协调性，它是动作的灵魂，也是掌握动作的关键。在竞技体操中，感知各种动作的固有节奏显得非常重要。女子自由体操中还有音乐伴奏，所以对音乐节奏的感知能力又是女运动员必不可少的。培养节奏感知能力最简便的办法便是利用音乐伴奏，根据音乐的节奏来调节自己的动作。也可以用长短和强弱不一的口令来指挥动作。此外，还可采用模拟音响节奏的方法，以音响的强弱、快慢模拟最佳的动作节奏，运动员根据音响的节奏调整动作。

（二）培养运动员良好的个性心理特征

这就是说，要发展有助于体操训练的个性。在我国，这个问题虽然已在实践中有所认识，但是还没有很好地总结研究。对于这个问题，国外研究较多。例如：苏联的雅库们契克通过大量的研究，将体操运动员分为三种类型，即强活动型、强惰性型和弱惰性型。并且指出各种类型运动员的特点及训练中应采用的方法。例如：他认为强活动型的特点是兴趣多样，期望学习新东西，但遇到困难易泄气；对自己的要求不严，动作细节注意不够；比赛中兴奋性过高，且往往会过高估计自己。所以在训练时应鼓励其学习的积极性和创造性。经常提醒注意有关技术要求，引导其正确分析自己的情况，在比赛时应注意控制运动量和提醒应注意的问题。又如：强惰性型的特点是对周围环境的变化比较敏感，学习新动作会感到紧张、害怕；掌握动作速度较慢，形成错误较牢固，比赛时过于小心，容易产生消极情绪。因而在学习动作前必须解决其思想顾虑，练习时注意教法，学习动作力求正确，学会后应在不同条件下练习，以提高稳定性。比赛时应采取措施提高兴奋性并及时给予鼓励等。

（三）培养良好意志品质

培养良好的意志品质，以坚定的意志支配行动，努力克服困难，实现远大的目标。一个运动员没有良好的意志品质是不可能克服训练过程中的种种困难，取得优异成绩的。由于竞技体操训练的某些特点，例如训练时间长，项目多，技术要求严格，动作具有一定的危险性，易失误，训练过程中经常产生难以忍受的疼痛，等等，使得勇敢、顽强、自觉、主动、果断、自制等意志品质对一个优秀体操运动员来说更为重要。

意志品质的培养离不开对运动员的政治思想教育。只有通过长期的、不间断的思想教育，使运动员树立为祖国去拼搏的训练目的和动机，才有可能提高训练的自觉性、主动性，努力顽强地进行训练。

意志品质的培养离不开克服困难的过程。意志品质是在克服困难的过程中表现出来的。例如：运动员训练时体力不佳，训练比赛条件不尽如人意，器械损坏，训练比赛因故中断，高难动作脱保等。教练员应教育、鼓励、督促并帮助运动员去克服困难。这就是说教练员要给运动员分析克服困难的可能性，激发运动员克服困难的勇气和信心，并帮助运动员为克服困难做各种准备，包括消除害怕心理、加强保护措施等。在一般情况下，应多做正面的鼓励和诱导，启发运动员克服困难的自觉性。但有时也可采用激将和强制的手段来促使运动员克服困难，但要注意掌握分寸和时机。另外也可根据专项所需的意志特点，有意识地设置障碍，增加困难的因素。例如：增加完成练习的次数或时间，提高对动作质量和稳定性的要求，这就是经常所说的从难、从严进行训练。

意志品质的培养还离不开运动训练的实践。它必须贯穿在整个运动训练过程中，结合具体的训练内容进行。例如：结合一些带有惊险性的空翻和腾越动作的练习，来培养运动员果断和勇敢的意志品质。

结合成套动作的多套训练，以及柔韧、力量、耐力等素质训练，培养运动员顽强、坚韧和自制的意志品质。

结合创编自选动作、编排准备活动及基本功，培养运动员独立性和主动性等。

第二节　篮球运动训练实践

篮球运动不仅给人们带来运动快感，还使身体运动全面发展，篮球运动技术和战术的实践操作与实战运用过程，是通过对抗、变化着的时间、场地、距离、设施条件等，运用跑、跳、投等手段来完成的，而且要求跑似“脱兔”、跳似“猴翻”、展似“鹏飞”、停似“大象”、投似“飞燕”。适量参加篮球运动，能促进人的生理机能、中枢神经系统的支配能力，增进健康，提高灵敏、速度、力量、弹跳等身体素质，锻炼意志品质，保持和提高人的生命活力，提高生活质量。

一、身体训练实践

所谓身体训练，是指运用各种身体练习以有效地影响人体各组织、器官机能、代谢及形态结构，从而达到促进健康、提高竞技能力的训练。

在篮球运动的身体训练中，最主要的是发展运动员的速度、耐力、弹跳、灵敏、柔韧等运动素质。不同的运动素质，在训练中有不同的方法。

（一）速度训练

篮球运动所要求的速度，是在短距离内迅速发挥最快的速度，并能控制重心，及时变化。因此篮球运动员的速度训练，应以提高各种情况下的起动速度，增加快跑的频率，提高变化方向、变换动作和各种曲线跑的技术及其频率，增强跑的强度为主。篮球运动的特点是在短距离内发挥高速度。一般来说，篮球运动速度素质训练采用的方法有：时间感觉训练法、重复训练法、比赛法、游戏法等。

（二）力量训练

现代篮球比赛的对抗性越来越强，身体接触越来越频繁。这样，强壮和力量就成了占据主动和优势的重要因素之一。因此，篮球运动员必须具有很好的绝对力量。篮球运动员在做各种攻防动作时，不仅要跑得快、跳得高，更要突然和及时，这就要求在最短的时间内发挥出最大力量或体现出最快速度。因此，篮球运动员又要有良好的爆发力量。一般力量训练的方法有：静力性（等长）训练法、等张性训练法、等动性训练法、退让性训练法、超等长训练法、组合训练法。

随着力量训练方法的发展，人们根据力量素质成分的需要，将各种力量训练方法进行组合，并采用相应负荷安排，或采用非传统的力量训练方法。这些方法有：最大力量训练法、快速力量训练法、反应训练法、力量耐力训练法、电刺激方法。

（三）耐力训练

篮球运动具有比赛场次多、比赛时间长、速度快、奔跑距离长、动作重复次数多、对抗强度大等特点，要求运动员具有在较长时间内保持高强度工作的能力，所以篮球运动员必须达到较高的耐力水平，尤其是专项耐力——速度耐力，它更具有重大的影响。耐力训练的方法有：有氧耐力训练法、无氧耐力训练法、肌肉耐力训练法等。

（四）柔韧训练

篮球运动员在比赛中快速的奔跑、起停与跳跃、转身、跨步、空中动作的变化、地面位置的争夺与控制，都要求运动员的各关节、韧带和肌肉具有大幅度伸缩变化和抗强拉伸的坚韧程度。特别是肩关节、躯干、髋关节、膝关节及踝关节的灵活性，更是篮球运动员必备的柔韧素质。因此必须加强这方面的训练。柔韧训练的方法主要有主动性训练法和被动性训练法。

二、技术训练实践

篮球技术动作繁多，如何根据比赛对手合理运用技术达到预定的目的，这是篮球比赛的基本要求。篮球技术动作运用不同于田径、游泳等项目，这些运动项目由于没有防守，无人干扰，在比赛中只是将掌握的动作正常表现出来即可。而篮球比赛由于有防守队员的干扰和破坏，必须根据不同防守情况，灵活地运用技术动作，才能达到战胜对手的目的。运用篮球技术动作必须根据比赛场上各种因素进行综合分析，并进行快速决策，然后有选择地从已掌握的技术动作中提取针对性的动作程序，使技术动作最大限度地适应外部环境变化的要求。

（一）技术训练的内容和方法

篮球技术内容繁多，形式多样。篮球技术有进攻和防守两大类，每一类技术中，既有基本技术（单个技术），又有组合技术和位置技术。

篮球运动中技术训练的基本方法有以下几种：

（1）建立正确表象的心理训练法。目前国内外普遍采用的是“念动训练”。

（2）技术训练的一般方法。这些方法包括讲解示范法、完整与分解法、预防与纠正错误法、程序教学法、重复法、变换法、循环法、组合法等。

（3）技术训练的时间排列法。包括连续式训练排列和间歇式训练排列。

（二）技术训练的基本要求

（1）技术训练要运用现代的科学理论知识和技术手段。随着篮球运动的发展，新的技术不断代替旧的技术。在训练中要不断地提高训练的科学化水平，从而使运动员的竞技能力得到充分的发展。

（2）技术训练要全面安排，突出重点，发展个人技术特点。技术全面，就是要求运动员全面掌握各种技术。在掌握全面技术的基础上，还要培养运动员的技术特长。

（3）基本技术训练应贯彻始终。基本技术是掌握复杂技术和创新的基础。因此，运动员应该长期地系统地坚持基本技术训练，使基本技术与高难技术结合起来，不断提高技术水平。

（4）要充分利用运动技术间的积极迁移。在技术训练中，应根据技术动作结构的相似性和难易程度，安排技术练习的先后顺序，使练习的技术为下一个练习的技术产生积极的影响，促进新技术的形成。

（5）技术训练要与战术训练相结合。技术训练要以战术训练为背景，要适应战术的具体要求，运用战术局部配合的各种练习方法与手段，以提高技术动作质量和运用技术的战术意识。

（6）技术训练要适应篮球比赛规则的发展变化，严格按照规则规定进行训练。

（7）技术训练应从易到难，先进行组合技术练习，然后根据运动员的特点和位置分工，再进行专门的位置技术练习，逐步形成和发展个人技术特长。

三、心理和智力训练实践

（一）心理训练实践

心理训练是指有意识地对篮球运动员心理过程和个性心理特征施加影响，帮助运动员掌握调节自己心理状态的各种方法，使之能更好地参加运动训练和完成复杂的比赛任务的训练过程。心理训练的目的，是培养运动员具有适应篮球训练和比赛中所需要的各种心理品质，克服在训练和比赛中出现的各种心理障碍，激起运动员从事训练和比赛的良好动机，提高自我控制、集中注意力和防止各种干扰的能力，使运动员能在训练和比赛的各种困难条件下，具有积极的、适宜的、稳定的心理状态，从而保证训练的成果在比赛中体现出来，创造优异的成绩。

1.心理训练的内容

篮球运动训练中的心理训练内容，有一般心理训练、准备参加比赛的心理训练和比赛中的心理训练。在安排心理训练时，必须考虑它们之间的条件、相互依赖的关系，才能圆满地完成心理训练的任务。

2.心理训练的方法

心理训练的方法很多，在篮球运动当中主要采用的有：模拟训练、放松训练、自我暗示训练、集中注意力训练、生物反馈训练、系统脱敏训练等。

（二）智力训练

智力训练是指在运动训练过程中，有目的、有计划地提高运动员智力水平的训练。现代运动训练愈来愈多地吸收和应用其他科学技术，这就要求运动员要有较高的智力水平，只有这样，才能学习和运用先进的科学技术去提高训练水平。篮球比赛既是运动员比体力、比技术的过程，又是运动员斗智的过程。特别是在两队势均力敌的情况下，对运动员的智力要求更高，智力对比赛胜负的影响愈来愈大。运动员在比赛中的分析判断、战术运用、应变能力、战机的掌握等都是斗智的过程。因此，智力训练已成为现代训练中不可缺少的组成部分，是提高训练质量的重要一环。

1.智力训练的内容

篮球运动员的智力训练内容包括理论知识教育和各种能力的培养两个方面。理论知识教育的内容主要有：体育教学、运动训练的基本原理；专项理论（包括专项技术、战术分析、训练法、裁判法等）；专项基础理论知识（包括人体解剖学、生理学、运动医学、运动生物力学、运动生物化学等）。此外，还有各种能力的培养，包括观察能力、记忆力、想象能力、思维能力、分析问题与解决问题的能力等。

2.智力训练的方法

篮球运动训练中的智力训练可以采用多种方法进行。如写训练小结、训练日记、比赛分析报告、赛后小结，组织自学、讨论、讲课等，都有助于运动员智力的发展。教练员在训练过程中进行智力训练，要注意基本概念、基本知识和基本理论的传授。在训练实战中，要启发运动员创造活跃的思维条件，培养运动员分析和解决问题的能力；善于在训练结束时进行归纳总结，使运动员形成概念，找出事物的规律；善于提出问题让运动员多思考和自己去归纳，作出判断性结论，从而发展他们的智力。

3.智力训练的基本要求

（1）提高运动员对学习理论知识和发展智力意义的认识，使其自觉积极地配合教练员进行智力训练。

（2）智力训练应列入训练计划，以保证有目的地发展运动员的智力水平。

（3）应逐步建立智力测定与评价的标准和制度。

第三节　武术运动训练实践

根据武术套路运动的特点和训练目的，训练内容可分为：身体训练、技术训练、心理训练和智能训练。

一、身体训练

身体训练的目的在于提高学生的身体机能和素质，为技术水平的提高打下良好基础。它包括一般身体训练和专项身体训练。

（一）一般身体训练

一般身体训练主要是增强学生机体的健康水平，提高各器官系统的机能，全面发展身体素质，其中又以身体素质的训练为主要内容。多采用其他运动中的各种跑、跳、举等练习方式进行训练。

（二）专项身体训练

专项身体训练系指与武术专项技术有直接联系的身体训练。采取与武术技术动作结构、动作方向、速度、幅度及用力性质有关的练习手段，来增强学生机体的武术活动能力，为学习、改进、提高武术技术动作提供直接的身体条件。武术基本功是训练专项身体素质的最佳途径，其中的腰、腿、臂、桩四功对身体主要部位的素质训练起着积极有效的作用。

1.力量练习

力量是指肌肉在用力过程中克服或对抗阻力的能力。运动员的力量水平取决于多种因素。如：肌肉的生理横截面，红、白肌纤维的比例，参加工作的肌肉群数量，肌肉群收缩的协调能力，中枢神经系统发放冲动的强度与频率等。运动员任何技术动作的表现都是通过肌肉工作来实现的，武术运动员技术成绩的好坏和肌肉力量的发展水平有直接的关系。同时速度、耐力等其他一些素质的发展也受力量素质的影响。因此，力量是身体训练水平的重要指标。这里以下肢力量练习为例。

武术中的跳跃动作要求快速有力，达到起跳轻松，腾空高飘，这就要求有很好的弹跳力。因此，腿部力量训练的重点，是弹跳力的训练。腿部弹跳力训练方法有以下几种：

（1）原地连续纵跳。

（2）单脚或双脚连续跳10~20米的距离。

（3）立定跳远。

（4）原地跳起腾空时团身，使大腿靠近胸部，上体保持正直，接着迅速伸展落地。连续做此动作。

（5）跳绳。短绳的单脚、双脚连跳，双脚双摇跳等。

（6）击步摸高、击步冲顶吊球、击步连续直体跳及各种转体跳。

（7）跳深练习。从40~50厘米高的高处跳下，立即向上跳起。连续跳8~10次。

（8）双脚负重连续跳或跳越障碍物。

（9）肩上负杠铃或他人，做起踵练习，手扶肋木或墙连续做。

2.速度练习

速度是人体快速完成动作的能力，它包括动作反应速度、动作速度和位移速度。速度素质主要取决于中枢神经系统兴奋与抑制的转换速度，红、白肌纤维的比例（白肌纤维快）以及ATP的含量及分解再合成的速度。因此，速度素质受遗传因素影响较大。

武术运动员专项动作速度，在很大程度上取决于完善的动作技术，运动员只有掌握正确合理的技术要领，建立良好的相应肌肉运动感觉，使肌肉紧张—放松交替，灵活快速，最大可能地减小肌肉工作的阻力，善于轻松协调地完成动作，才能够充分发挥已有的速度能力。因此，可通过改进技术动作来提高少儿武术运动员的快速能力。

武术运动员的位移速度主要是通过行步或冲刺跑来培养，常用的是10~20米、20~30米的短距离跑，弧行步，各种助跑接跳跃。练习除在水平的跑道上进行外，还可采用“引跑”“追跑”、比赛以及上下斜坡跑等形式来培养位移速度。

3.柔韧练习

柔韧是指人体各关节活动幅度的大小以及肌肉、韧带的伸展能力。它是武术运动员应具备的重要素质之一，对动作完成的质量和难度技术动作的掌握有着直接影响。良好的柔韧性不仅是完成动作的基础，而且可使动作更加舒展、优美，可减少运动损伤的发生。柔韧的好坏取决于关节的构成、肌肉和韧带的弹性、神经肌肉的调节过程、训练水平以及周围空气的温度等，并与运动员年龄有一定关系（年龄越大，柔韧性越差）。

发展柔韧素质的方法有两种：被动的和主动的，也称消极的和积极的。被动的柔韧练习是指依靠外力的作用促使关节的活动幅度增大，这一方法可使柔韧指标迅速提高，但与实际应用有一定的距离，运动员承受的痛疼感较大。主动性柔韧练习是指通过与某关节有关联的肌肉的收缩来增加关节灵活性的方法。这一方法与专项动作的表现形式相一致，易于体现在武术技术动作之中，但要在原有柔韧水平的基础上进一步提高比较困难。由于这两种方法各有利弊，在武术练中多被综合采用。

需要注意的是训练中应将一般身体训练与专项身体训练有机地结合起来，进行相互调剂、相互促进。对于少年儿童的启蒙和初级阶段的训练，尤其要加强一般身体训练，以促使其身体的全面发展，为专项身体训练水平的提高奠定好基础。

二、技术训练

技术训练是训练工作中的核心环节，它分为基本技术训练、基本动作训练和套路技术训练。

1.基本技术训练

武术中的基本技术，是从武术运动实践中提炼出的规范化的常用技术，只有将基本技术做的标准、规范，才能更好地保证套路完成的质量。它主要包含三方面的内容：

（1）动作的发力顺序：武术竞赛规则中强调动作要劲力充足，用力顺达，力点准确，发力完整。而发力顺序则是劲力体现的重要所在。因此在训练中应解决动作发力的顺序性，使之身体各部位间协调配合，按照一定的顺序进行用力。

（2）动作技击特点：武术动作的技击特点是基本技术的重要因素。因此，在训练各种基本技术动作时，要掌握并体现出左顾右盼、声东击西、指上打下、攻防兼有的攻防意识和动作特点。

（3）八法的协调配合：武术运动中的八法，是指动作时手、眼、身、步、精、气、力、功八个方面。要求做到“拳如流星眼似电、腰如蛇行步赛粘、精要充沛气宜沉、力要顺达功宜纯”。

2.基本动作训练

基本动作是指典型的、常用的，但又比较简单的动作。一般包括：手型、手法、步型、步法、腿法、身法、平衡和基本跳跃等内容。并随技术水平的发展提高而逐步增多。在训练中，对基本动作的姿势必须严格要求，做到一丝不苟，以便形成准确的动力定型，为套路演练打下良好的基础。

3.套路技术训练

是指提高套路的演练技巧和水平，不断增强身体素质、机能，取得最佳的运动成绩。训练的形式有：

（1）分段训练：是指把整套动作分成若干段落进行反复练习。主要是解决局部动作的技术和节奏等问题，强化、改进段落的技术质量。根据训练目的和任务，可分为重点段、难度段、高潮段、起势段和收势段来进行训练。

（2）整套训练：是把在单个动作和分段训练中获得的动作规格、速度、节奏及意识的表现技能在成套训练中加以运用，增强高质量完成整套动作的能力。重点是要处理好整套的节奏和体力的分配，使其表现出动静分明、刚柔相济、章法清晰的演练效果。

（3）超套训练：是指一次上场完成一套以上数量的练习。其目的是增强“套路耐力”，提高无氧代谢能力，培养顽强的意志品质。

（4）对练套路训练：采用的训练步骤和方法一般有单人基本方法练习、双人配合练习、先慢练后快练、先分解练后整套练等，使之逐步达到方法准确、配合默契、攻防逼真的效果。

三、心理训练

心理训练是指通过各种手段有意识地对学生的心理过程和个性特征施加影

响，使学生掌握调节自己心理状态的各种方法，为更好地参加训练和争取优异成绩做好各种心理准备的训练过程。它主要分为一般心理训练和短期心理训练两部分。武术的心理训练主要有下面几个方法。

（一）放松与念动训练法

放松训练法是采用多种手段，通过外部或内部语言信息和意念活动，引起脑的反射，借以影响、调节、控制运动中的心理状态和神经、内分泌系统的变化，使人的身心处于放松状态的一种训练方法。

念动训练法（或称表象训练法）是指运动员在意识的支配下，按程序在脑中重复再现原有形成的动作表象，引起相应动作部位产生肌肉活动，从而达到建立和巩固正确动作的动力定型，加深动作记忆的一种训练方法。运动表象愈清晰准确，完成动作就愈准确，运动表象必须是视觉和动觉相结合的综合表象，这样的训练才是行之有效的。

1.准备阶段

步骤与内容：

（1）向运动员讲解心理训练基础知识；传授优秀运动员通过心理训练提高成绩的成功经验，引起练习者的兴趣，提高训练自觉性。

（2）教会运动员腹式呼吸、测量脉搏、集中注意力、控制情绪等有关知识和操作方法。

（3）教会利用意会控制肌肉活动的方法。

2.放松训练阶段

步骤与内容：

（1）让练习者选择最舒适的放松姿势（如半仰坐、仰卧等），闭目或半闭目体会想象身心处于最舒适放松状态的情景。

（2）当练习者的身心处于舒适放松状态后，在音乐伴奏和语言暗示下，运用腹式呼吸放慢节奏，按照上肢—下肢—全身的练习顺序，体会身体放松发热的感觉。

3.放松—发动—念动训练阶段

步骤与内容：

（1）当练习者能较清晰地体会到全身或身体某部位的放松发热的感觉后，

开始进行发动练习，运用暗示语意想全身或某部位运动时的情景。

（2）当练习者感觉到精力充沛、有想马上进行练习的感觉时，运用预先确定并熟记的单个或成套动作的暗示语，意想每个动作的表象和用力感觉及连接方式，好像真正地在做动作。当动作表象的回忆不清晰时，要配合录像和图片加深对动作的理解。

4.应用阶段

把学过的内容运用到训练和比赛实践中去验证。可在课前、课中练习的间歇时间，课后以及赛前、赛中、赛后进行。此阶段训练应特别注意排除干扰。集中注意力，在意志努力下坚持经常练习，调整不良的心理状态，只有这样才能收到满意效果。

（二）暗示与自我暗示训练法

暗示与自我暗示训练法，是根据人类高级神经活动的特点，利用第二信号系统的作用，调节运动员情绪、意志、注意力等心理活动的一种方法。

暗示与自我暗示语的内容是根据运动员所要完成的任务和要解决的问题而确定的。不同内容的暗示套语，它的指向性和目的性是不同的。

1.提高自信心和比赛欲望的暗示语

“我已准备好了，全套动作已练习多次，能够很好地完成。我相信自己能成功，能取得好成绩。好了，比赛开始吧。”

2.调整心理状态的暗示语

“我的手、腱及全身的放松感觉已不存在了，呼吸均匀，心跳有力，心情平静，肌肉富有弹性和力量，我想去参加比赛，好似被压紧的弹簧，准备迅速伸展开，好了，比赛开始吧。”

3.清除疲劳的暗示语

“我非常安静，我的右（左）手或脚已感到沉重和松迟。我的右（左）手或脚已感到开始暖和了，我的心脏跳动平稳，呼吸节奏渐慢，我的腹腔也感到暖和了，前额凉丝丝的很舒服，我整个身体都感到舒服了，我想昏睡……”

暗示与自我暗示训练，经常被用于消除和减少因训练或比赛而产生的身体和神经上的紧张，但只用一种调节方法不一定收到同样的效果。研究表明：积极或消极的赛前状态的反映与神经过程的平衡、强度、灵活性的结合有关。根据运动员神经类型特点应有相应的调节侧重点。一类：神经过程平衡、灵活的运动员，赛前训练与平常无区别；二类：平衡、惰性（不灵活）的运动员，赛前训练应是情绪饱满的；三类：不平衡、不灵活的运动员，赛前训练应降低情绪紧张；四类：不平衡、惰性（不灵活）的运动员应先消除紧张再使其情绪饱满。另外教练员在训练或比赛中，必须注意运用具有积极意义的暗示语激励运动员的情绪，切不可过多地运用具有消极意义的暗示语来刺激运动员的情绪，以免使其产生自卑感，影响心理训练的效果。

四、智能训练

智能训练是指对运动活动的实际操作能力和适应能力以及对运动行为的观察力、记忆力、思维力等有机结合的方法方面的训练。它对武术技术的掌握和完善十分有益。训练中，教师要善于分析动作内涵和技术原理，启发诱导，形象类比，以培养学生自我分析能力、创造能力和思维能力。

（一）注意力

注意力是武术运动员的能力之一。运动员在初学某一动作时，对自己认为应注意之处或对教练员指出之处要全神贯注。这不仅在练习动作时必要，而且在倾听别人的意见、观察别人的动作等一切方面也都是必要的。教学训练实践证明，注意力涣散，往往是运动员训练效果差、智力发展低的重要原因之一。因此，教练员在训练课中，必须加强对运动员的注意力的培养，提高他们在训练和比赛中有效完成任务的能力。

疲劳或情绪波动往往是造成运动员注意力转移或分散的原因。教练员应根据具体情况来选择和运用培养注意力的方法和手段。一般常用的方法手段如下：

（1）适当增加周或天的训练次数，减少每次训练课的时间。

（2）运动员在练习某项目出现疲劳时，及时轮换项目或采用其他集中注意力的手段。

（3）在教学训练中为达到同一目的，可采用多样化的训练方法或教法手段。如提问、组织教学比赛、采用分解练习等。

（4）保持训练环境的安静，减少参观人员的干扰。“封闭式”的训练可达到眼不见心不烦、耳不听心不乱的抗干扰效果。

（5）放松训练。放松即是将注意力转移或分散，其目的在于更好地使注意力集中（紧张）。在运动员注意力高度集中地完成一套比赛动作之后，可用2~3分钟闭目养神，大脑充分放松，然后再集中注意力于下个项目的比赛动作或下一个成套练习。

6.组织运动员在练习中互相帮助，互相观摩动作完成的情况并互相指出优缺点，使运动员集中注意于本组的练习。

（二）观察力

观察力是智力的重要组成部分。著名科学家法拉第认为："没有观察就没有科学，科学发现诞生于仔细的观察中。"世界球王贝利在总结他的足球生涯时说过："我踢球最重要的一点是善于观察。"观察就是人们有目的、有计划、主动地去察看或倾听、触摸、嗅闻有关事物相应的特点，从而发现所要寻求的答案，获得所需的素材或数据。运动员的观察力便是指将注意力较长时间地集中在与训练有关的某一环节上，获得正确印象或发现问题的能力。敏锐而准确的观察力，是运动员进行有效学习和提高掌握动作技能的重要保证。

武术教学训练中常采用下列方法培养运动员的观察力：

（1）做示范动作结合讲解，明确观察的内容与要求。

（2）组织观看技术图解、录像、电影，明确观察的目的。

（3）组织运动员参观各种类型的武术比赛和表演。

（4）组织运动员观看同伴或兄弟队的练习。

（5）让运动员进行裁判实习。

（6）组织运动员进行某项目动作技术完成情况的调查统计工作。

上述观察方法在运用时又可分为主动性运用（主动观察）和被动性运用（被动观察）。

主动观察是指有目的、有计划、有组织地对有观察价值的动作或现象所安排的观察。为培养学生的观察能力，可把主动观察分为整体观察和局部观察。

整体观察——看动作技术时根据人体运动的轨迹，一般由脚、髋、躯干、上肢、头的顺序进行全面观察。

局部观察——在看动作技术时，只着重观察人体某部位的运动轨迹。即在局部观察时，要注意人体某一部位（关节）运动的方向、路线、速度等的变化，以及开始和结束时的位置和姿势等。

被动观察是指无目的、无计划、自发的观察。当运动员进行主动观察时，往往还会自发地观察其他现象（附带看到的），有时这种被动观察也会有重要发现，可弥补自己观察设计的不足。

为了进行有效的观察，应坚持观察的客观性、全面性和细致性。

为了提高运动员的观察力，教练员可多采用动作对比的方法。观察前，事先对运动员提出要求，如做好观察计划、写出观察步骤和顺序等。观察后及时整理观察资料，写出观察报告或小结。

（三）记忆力

记忆是过去事物在大脑中的识记和保持。运动员的记忆是指当运动员领会了动作要领时，通过训练形成本体感觉和动力定型。

记忆可分有意记忆和无意记忆两种。它们的区别在于：有无预定的目的要求，有无一定的记忆方法，有无作出意志努力。武术教学训练中，有许多知识经验、新的动作形象和技术要领、新的训练方法手段等都是通过无意记忆而被记住的。如组织运动员参观高水平运动员的练习、测验或比赛等。教练员经常大量运用的是有意记忆。英国科学家W. C. 斯莱特的实验证明，记忆力可以通过锻炼获得加强。因此，武术运动员记忆力的培养与发展，主要应通过对大量动作技术的教学与训练来实现。在教学训练过程中，教练员要教会运动员记忆动作过程的方法。可根据身体的解剖部位，由上到下或由下到上依次记住各部分的动作顺序。如果记忆某动作的技术要领则应先记住关键的技术，再记动作的技术细节。

在武术教学训练中，教练员通常采用让运动员复述动作要领（复习）、分析动作技术（促进理解）、记训练日记（巩固）以及考核等方法来锻炼和培养运动员的记忆力。

（四）想象力

想象是指在现实刺激物的作用下，人脑中的旧表象（即客观事物在人脑中留下的印象）重新配合，从而构造出与原有事物基本相符甚至是完全崭新的形象。想象属于思维活动的范畴，是形象思维的一种表现形式。

武术是具有丰富内涵的人体文化，武术的意境要求往往是用类比的方式来表达的，如对慢的要求，形容“缓如鹰”，没有想象的参与是不能完成的。想象训练（在思想上完成动作，体验情绪）在武术教学训练中具有重要意义。它不仅能防止身体机能迅速下降，促进技术的掌握，而且能控制情绪将充分理解的武术内涵，通过形体动作演练表达出来。想象力的培养可采用如下方法：

1.丰富各种不同类型动作的表象

运动员只有接触观察大量的动作，想象才能开阔、深刻，形象才能逼真。同时，运动员亲身体验更多的动作也能为发展想象力创造良好条件。

2.参加各种创造活动

在武术训练中可让运动员参与多种创造活动。如：

（1）设计自己所学动作的技术规格（高标准）。

（2）设想符合个人风格的自选动作编排方案。

（3）设想和设计新的动作组合。

（4）设计有关辅导练习、诱导练习等教法措施。

（5）默想所练习动作的最理想规格等。

（五）思维力

思维是人脑对客观事物间接的和概括的认识过程，通过这种认识，可以把握事物的一般属性和本质属性。

教学训练中培养运动员思维力的基本方法为：

（1）设疑诱导。运动员学习新动作时，教练员可通过设疑，启发诱导，促进运动员的积极思维。

（2）肌肉活动与“语言”配合。当运动员某部分肌肉用力时，教练员或运动员自己给予某某语言信号并形成条件反射，使技术训练与思维训练同步。

（3）教练员对动作技术进行分析后，要求运动员对动作技术进行相互评议讨论，并对训练和比赛进行总结，培养运动员分析和综合等的思维能力。

（4）改变传统的保姆式的教学训练方法，着重培养运动员独立思考的能力。如要求运动员尽可能独立地完成动作，对训练效果进行自我评定等。

参考文献

[1] 余胜泉，信息技术与课程整合——网络时代的教学模式与方法[M].上海：上海教育出版社，2004.

[2] 张筱兰，郭绍青.信息化教学[M].北京：高等教育出版社，2010.

[3] 祝智庭.现代教育技术——走进信息化教育[M].北京：高等教育出版社，2001.

[4] 柯清超.信息化教学设计与教学工具[M].西安：陕西师范大学出版社，2008.

[5] 潘懋元.新编高等教育学[M].北京：北京师范大学出版社，2009.

[6] 蒋兴萍.体育课程教学论[M].桂林：广西师范大学出版社，2005.

[7] 田青.体育教学科学化探索[M].北京：北京体育大学出版社，2009.

[8] 罗建新，田径运动技术教学理论与实践[M].贵阳：贵州人民出版社，2005.

[9] 崔伟，体育课程论[M].郑州：黄河水利出版社，2005.

[10] 毛振明.简明体育课程教学论[M].北京：北京师范大学出版社，2009.

[11] 陈旭远.课程与教学论[M].北京：高等教育出版社，2012.

[12] 史兵.体育教学论[M].西安：陕西师范大学出版社，2006.

[13] 龚正伟.体育教学论[M].北京：北京体育大学出版社，2004.

[14] 刘昕.现代国外教学思想与我国体育教学[M].北京：教育科学出版社，2011.

[15] 丛立新，郭华.当代中国课程与教学论研究[M].北京：北京师范大学出版社，2010.

[16] 钟启泉，汪霞，王文静.课程与教学论[M].上海：华东师范大学出版社，2008.

[17] 毛振明，赵立，潘绍伟.学校体育学[M].北京：高等教育出版社，2001.

[18] 季浏，体育课程与教学论[M].桂林：广西师范大学出版社，2005.

[19] 简楚瑛，课程发展理论与实践[M].北京：教育科学出版社，2010.

[20] 杨贵仁.中国学校体育改革的理论与实践[M].北京：高等教育出版社，2006.
[21] 季浏.体育与健康课程与教学论[M].杭州：浙江教育出版社，2003.
[22] 杨文轩，季浏.义务教育体育与健康课程标准（2011年版）解读[M].北京：高等教育出版社，2012.
[23] 潘绍伟，于可红.学校体育学[M].北京：高等教育出版社，2008.
[24] 周登嵩.学校体育热点50问[M].北京：高等教育出版社，2007.
[25] 陈琳.现代教育技术[M].北京：高等教育出版社，2006.
[26] 程士钧.现代体育教育技术[M].北京：高等教育出版社，2006.
[27] 林铭.现代教育技术——理论与实践[M].北京：电子工业出版社，2008.
[28] 刘成新，李兴保.现代教育技术：信息化教学理论与方法（第2版）[M].北京：电子工业出版社，2009.
[29] 刘富强.数字视频信息处理与传输教程[M].北京：机械工业出版社，2004.
[30] 刘睿智，高炳岩.现代教育技术[M].海南：南海出版公司，2005，
[31] 宫淑红.美国教育技术学的历史与范式[M].济南：山东画报出版社，2006.
[32] 何克抗，李文光.教育技术学（第2版）[M].北京：北京师范大学出版社，2009.
[33] 教育部师范教育司.教师专业化的理论与实践（修订版）[M].北京：人民教育出版社，2002.
[34] 尹军.提高青少年速度与多方向移动能力的练习方法[J].体育教学，2014（7）:15-17.
[35] 冯季林.教学的游戏性研究[D].长沙：湖南师范大学，2008.
[36] 葛子厚.虚拟现实技术实现——空中机械师虚拟现实训练系统实践[D].长春：吉林大学，2004.
[37] 李洁.基于情景认知理论的教育游戏设计[D].济南：山东师范大学，2009.
[38] 王琳.基于LAMS的活动理论教学设计模式研究[D].武汉：华中师范大学，2009.
[39] 张细谦.体育课程实施研究[D].广州：华南师范大学博士学位论文，2007.
[40] 杨慧玲.基于LAMS开展信息化教学设计的实践研究[D].武汉：华中师范大学，2008.

[41] 苏旺辉.多媒体课件开发及其模型研究[D].兰州：西北师范大学，2006.
[42] 卢雪玲.混合学习课程设计案例研究[D].广州：华南师范大学，2010.
[43] 李莉.信息技术环境下小学综合实践活动课教学设计[D].兰州：西北师范大学，2006.
[44] 贾鹏.乒乓球运动中连续移动击球动作动力链的力学分析[D].北京：北京体育大学，2006.
[45] 王晓菲.功能训练视角下的沙滩排球运动员沙地移动能力训练方法与手段分析[D].北京：首都体育大学，2015.